Le Québec des libertés

Couverture
- Maquette
  GAÉTAN FORCILLO

Maquette intérieure
- Conception graphique:
  MICHEL-GÉRALD BOUTET

DISTRIBUTEURS EXCLUSIFS:

- Pour le Canada
  AGENCE DE DISTRIBUTION POPULAIRE INC.,*
  955, rue Amherst, Montréal H2L 3K4, (514/523-1182)
  *Filiale du groupe Sogides Ltée

- Pour l'Europe (Belgique, France, Portugal, Suisse,
  Yougoslavie et pays de l'Est)
  OYEZ S.A. Muntstraat, 10 — 3000 Louvain, Belgique
          tél.: 016/220421 (3 lignes)

- Ventes aux libraires
  PARIS: 4, rue de Fleurus; tél.: 548 40 92
  BRUXELLES: 21, rue Defacqz; tél.: 538 69 73

- Pour tout autre pays
  DÉPARTEMENT INTERNATIONAL HACHETTE
  79, boul. Saint-Germain, Paris 6e, France; tél.: 325 22 11

PARTI LIBÉRAL DU QUÉBEC

Le Québec des libertés

Textes des allocutions prononcées au Congrès d'orientation du Parti libéral du Québec du 18 au 20 novembre 1977.

LES ÉDITIONS DE L'HOMME*

CANADA: 955, rue Amherst, Montréal 132
EUROPE: 21, rue Defacqz — 1050 Bruxelles, Belgique

* Filiale du groupe Sogides Ltée

Préface

Le Parti libéral du Québec a formé le gouvernement du Québec de 1960 à 1976 avec une courte interruption de 1966 à 1970. La révolution tranquille des années 60 a permis de mettre en chantier la plupart des grandes réformes actuelles, de sortir le Québec d'un contexte du 19e siècle et de le doter d'un État moderne, outil de développement collectif à la hauteur des nouvelles aspirations des Québécois. Avec les années 70, cette politique de réforme fut continuée, avec cependant certaines hésitations dans les démarches et certaines incertitudes quant à la direction à suivre. L'élection du Parti québécois fut en même temps un choc et une surprise. D'abord inexplicable puis ensuite comprise, la défaite devint pour le Parti libéral du Québec une occasion de réflexion et de remise en question.

C'est ainsi que naquit en janvier 1977, l'idée de tenir un congrès d'orientation à l'automne 1977 pour renouveler la pensée politique du Parti libéral du Québec.

Par sa philosophie même et une tradition constante, le PLQ fait toujours appel à des gens de l'extérieur de ses rangs, mais dont la pensée est axée sur les valeurs du libéralisme, pour renouveler ses « sources » de pensée. Le congrès d'orientation ne fut pas une exception à cet égard. On invita un certain nombre de conférenciers à venir s'entretenir avec les militants au cours de ce congrès. Le présent ouvrage reproduit les textes livrés par ces conférenciers au congrès.

Les textes n'engagent que leurs auteurs et ils ne représentent pas nécessairement la pensée ou la politique du parti. Ils n'indiquent pas non plus que tous les auteurs sont membres du Parti libéral ou lui sont associés.

Les textes ont été groupés dans l'ordre de leur présentation au congrès afin de respecter la démarche du programme. D'abord un premier groupe de quatre conférences sur le thème du congrès, Le Québec des libertés, ensuite une conférence sur le régime économique, une autre sur l'organisation politique et un dernier groupe de quatre conférences sur l'avenir constitutionnel du Québec au sein du Canada.

Nous tenons à remercier les conférenciers d'avoir accepté de participer à nos débats et de contribuer à cet ouvrage par la publication de leurs textes. Puissions-nous formuler le souhait que cette publication contribue d'une part à faire avancer le débat politique et de l'autre à indiquer au public les choix qui s'offriront à lui dans les prochaines années.

MICHEL ROBERT
Président de la Commission politique
Parti libéral du Québec

Liberté et politique au Québec

LÉON DION

LÉON DION

Politicologue. Professeur à l'Université Laval. Études dans plusieurs universités européennes : Londres, Paris, Cologne et Zurich. Premier président de la Société canadienne de sciences politiques. A été conseiller spécial auprès de la Commission d'enquête sur le bilinguisme et le biculturalisme. Récipiendaire d'un doctorat honorifique de l'Université Queen's de Kingston. Auteur de plusieurs livres, il a aussi publié de nombreux articles et rapports qui ont été traduits dans plusieurs langues.

Au moment de commencer mon exposé, un souvenir se présente à mon esprit que je ne peux résister à partager avec vous. Alors qu'ils s'apprêtaient à soumettre leur projet de manifeste « Quand nous serons vraiment chez nous » à la discussion parmi leurs membres, les dirigeants du Parti québécois m'avaient demandé d'en faire publiquement l'analyse. Au terme de mes observations, j'avais accordé la note *C+* au projet de manifeste. Sans qu'il n'y eut nécessairement cause et effet, plusieurs points que j'avais relevés comme déficients furent modifiés par la suite. Je n'ai pas l'intention de me mettre à corriger de cette façon le projet de manifeste « Le Québec des libertés ». Ce dernier sera toutefois constamment présent à mon esprit dans mes remarques et je vous laisse le soin de décider vous-même quelle serait la note que j'attribuerais à ce devoir si j'avais à le faire. Rappelez-vous cependant l'adage : « Qui aime bien châtie bien! ».

En plaçant son projet de manifeste sous le signe du « Québec des libertés », le Parti libéral du Québec fait écho à une préoccupation de plus en plus pressante depuis une dizaine d'années. C'est là une heureuse décision. En effet, en toute circonstance, les hommes ne sauraient jamais trop nourrir le souci de la préservation et de l'accroissement des libertés tant ces dernières sont par essence fragiles. Il devient impérieux de s'interroger à leur endroit lorsque les risques de les voir érodées sont clairs et présents, comme c'est aujourd'hui le cas dans toutes les sociétés qui se réclament de la démocratie libérale.

Mais on nous demande plus précisément de discuter du Québec « société ouverte ou fermée ». Je n'ai pu réussir à définir de façon satisfaisante ces deux termes. Par société ouverte, il faudrait entendre une société au sein de laquelle les individus et les groupes particuliers peuvent s'épanouir sans entrave arbitraire de la part des grandes organisations culturelles, politiques et économiques qui les encadrent de même qu'une société qui communique avec le reste du monde par des canaux institutionnels et spontanés nombreux et faciles d'accès. La société fermée correspondrait à une société au sein de laquelle les individus et les groupes particuliers seraient constamment soumis à l'arbitraire des grandes organisations culturelles, politiques et économiques, de même qu'une société qui empêcherait les échanges et les communications entre elle et le reste du monde. Il est évident qu'il s'agit là de types idéaux. Dans la réalité, en effet, toutes les sociétés sont ouvertes et fermées à des degrés divers. Et si l'on peut dire que, dans l'abstrait, une société plus ouverte est préférable à une société plus fermée, dans la pratique, il importe de tenir compte des circonstances de temps et de lieu.

L'excès d'ouverture aussi bien que de fermeture tue. Il en est autrement en temps de guerre qu'en temps de paix, dans les périodes de crise économique que dans les périodes de prospérité. De même il est rare que tous les groupes sociaux et toutes les collectivités régionales situent le degré optimal d'ouverture d'une société au même point. Les uns s'estimeraient plus à l'aise si les organisations culturelles, économiques et politiques étaient moins contraignantes tandis que les autres conçoivent que leur liberté dépend de la protection de ces organisations. Enfin, cependant que la position sociale de certains les incite à réclamer pour la culture et pour l'économie la plus grande autonomie possible par rapport à la politique, allant même jusqu'à dire qu'une société ouverte est celle où la politique est soumise à la culture et avant tout à l'économie, d'autres, au contraire, par suite de leur position sociale différente, vont percevoir leur liberté comme associée aux interventions de l'État en leur faveur dans les domaines culturels et économiques.

Pour les fins de la présente discussion, j'appellerai ouverte une société au sein de laquelle l'aspiration à la liberté peut s'exprimer au maximum permis par les circonstances et fermée une société dans laquelle cette aspiration est arbitrairement brimée.

La liberté est le bien le plus précieux de l'homme parce qu'elle est le fondement de tous les autres biens, y compris l'égalité et la sécurité, avec lesquels il est fréquent mais erroné de l'opposer.

Un point majeur concernant la liberté, c'est qu'elle suppose la médiation de collectivités particulières et qu'elle n'est jamais définitivement acquise. Elle demeure toujours conditionnée par le degré d'ouverture de ces collectivités particulières (classes, nations, organisations économiques, gouvernements). Elle ne saurait être rien d'autre que projet éternellement inachevé. Et la première question qui se pose au sujet de la liberté est celle des conditions de sa sauvegarde et de son épanouissement. Et s'il est louable qu'un parti politique se fasse le champion des libertés personnelles et collectives, on ne saurait trop le mettre en garde contre la tentation de réduire cette sublime aspiration à la dimension d'un simple slogan.

On distingue souvent deux conceptions de la liberté, une conception atomiste et individualiste et une conception organique et collectiviste. Cette distinction est valable, mais à la condition de retenir que les sociétés politiques particulières, bien qu'elles puissent en principe valoriser une conception plus que l'autre selon les conditions historiques et les choix idéologiques, effectuent toutes dans les faits une symbiose particulière des deux conceptions. Il importe également de rappeler qu'exception faite des cas extrêmes où des sociétés succombent à l'anarchie ou au totalitarisme, il est fort difficile de ranger *a priori* de façon indiscutable ces diverses symbioses selon une échelle d'excellence morale qui ne soit pas purement subjective.

À plus forte raison serait-il téméraire, pour les Canadiens, de se servir de cette distinction de façon mécanique et de soutenir, par exemple, que le Parti libéral du Canada ou que le Parti libéral du Québec sont des champions sans peur et sans reproche des libertés personnelles, tandis que l'Union nationale ou le Parti québécois sacrifient aveuglément au culte des libertés collectives. Ce que nous savons de l'histoire politique du Canada incite à plus de modération dans les jugements. Tout au plus ne saurait-il s'agir là que de tendances prédominantes et encore ne pourrait-on conclure à la portée pratique de telles tendances qu'au terme d'une recherche qui n'en est encore qu'au stade d'hypothèses tirées des travaux des historiens.

Dans son projet de manifeste, le Parti libéral du Québec opte de façon catégorique en faveur des libertés personnelles. Ce faisant, il invite à réfléchir sur cette question des deux conceptions de la liberté.

Il s'agit là d'un sujet bien trop complexe pour qu'il soit possible de le traiter dans le cadre d'un bref exposé. Ce sujet englobe un grand nombre de questions. Celles qui touchent au nationalisme, au régime économique et au statut politique du Québec paraissent particulièrement pertinentes à la situation du Québec. Mais avant d'aborder ces points, il me paraît essentiel de baliser le chemin en montrant les liens essentiels qui relient la liberté et la démocratie politique. En conclusion, je proposerai certains critères propres à guider l'examen des équilibres entre les libertés personnelles et les libertés collectives qui existent aujourd'hui au Québec.

Liberté et démocratie

Toute l'histoire jusqu'à aujourd'hui, et sans aucun doute jusqu'à la fin des temps, se présente et se présentera comme un effort incessant, parfois héroïque et souvent frustré, de l'homme pour s'auto-déterminer, c'est-à-dire pour acquérir la capacité de décider lui-même de ce qui lui convient et cela malgré les obstacles que lui posent la nature et l'homme lui-même. L'homme, en effet, ne saurait s'épanouir sans la société qui représente le fruit principal de son travail collectif. Cette dernière lui oppose toutefois des déterminismes comparables à ceux de la nature, sinon plus contraignants encore. C'est pourquoi l'aspiration à la démocratie politique fut de tout temps si forte. La démocratie, en effet, se fonde sur le droit naturel de l'homme de choisir les voies de son épanouissement personnel, ce qui implique la maîtrise des institutions de la vie collective dont il a besoin de se doter. Mais il importe de bien préciser que, tout comme la liberté n'est pas un fait donné une fois pour toutes mais un espoir immortel, de même la démocratie est un combat permanent contre la nécessité pour la liberté. La démocratie n'institue pas un régime où l'homme soit déjà libre mais où l'homme a la possibilité de concrétiser son aspiration à la liberté. Ce qui fonde en effet la grandeur en même temps que la fragilité de la démocratie, c'est que, à l'opposé des autres types de régimes politiques, plus les citoyens cherchent à en incarner le principe, plus ils se grandissent comme personnes individuelles. C'est pourquoi l'existence de la démocratie suppose le droit à la lutte pour la défense des libertés, de même que la capacité des hommes de se révolter dès que les libertés sont brimées. Les sociétés sont d'ailleurs d'autant plus démocratiques que les lois elles-mêmes favorisent les luttes pour les libertés personnelles et elles cessent de l'être dès lors que les lois, prohibant ces luttes, contraignent ceux qui militent pour la liberté à œuvrer dans la clandestinité.

Depuis Aristote, on dit des démocraties qu'elles sont instables et éphémères. Sitôt instituées, elles paraissent conduire à des débordements libertaires qui les tuent. L'histoire montre toutefois qu'elles sont aussi stables que tous les autres régimes, y compris les dictatures dont on vante exagérément la stabilité. Le problème des démocraties, c'est qu'elles ne savent pas toujours comment faire converger les projets personnels et les projets collectifs de liberté. Une société n'est libre que si les deux catégories de projets s'apportent une aide mutuelle et se réalisent simultanément. Or, les sociétés contemporaines ont atteint un degré de pluralisme qui rend aléatoire la recherche d'une formule d'harmonisation des deux catégories de projets de liberté. La démocratie ne saurait sans se renier faire abstraction de la diversité des groupes culturels, socio-économiques ou régionaux. Mais elle est en danger dès lors que l'une quelconque de ces unités collectives partielles entend imposer à l'ensemble ses intérêts et ses conceptions du monde et de la vie. C'est ainsi par exemple, que si la bourgeoisie s'est mérité la reconnaissance des hommes pour les luttes qu'elle a menées au nom des libertés, elle ne se rend pas moins coupable d'usurpation chaque fois qu'elle assimile la liberté et la démocratie à l'ordre social et politique qu'elle a institué. À son tour, si la classe ouvrière, par son insistance sur l'égalité des conditions sociales, approfondit la dimension sociale de la liberté restée trop formelle dans le projet bourgeois, elle ne saurait non plus prétendre que, par cette contribution, elle clôt définitivement le champ des possibles. Les classes, l'économie, la nation, l'État, existent pour l'homme et non l'inverse. Ils ne valent que dans la mesure où ils favorisent l'épanouissement des libertés personnelles. Le drame est que trop souvent ils se trouvent érigés en absolus et que d'instruments qu'ils devraient être, ils deviennent des fins. Là où l'on proclame que le bien collectif passe avant le bien personnel, il n'y a plus de liberté.

La difficulté de la lutte menée par l'homme pour la conquête de ses libertés se mesure au fait qu'encore aujourd'hui on ne dénombre dans le monde qu'une vingtaine de démocraties. En outre, chacune de ces démocraties est aux prises avec une crise générale et profonde. Cette crise trahit les insuffisances des régimes politiques libéraux et socialistes aussi bien que les carences de tous systèmes économiques, des média de masse et des codes de valeurs. La conscience du fait que cette crise est une manifestation de l'effort pour une meilleure instauration de l'esprit de liberté dans les institutions réconforte. Il ne s'ensuit pas toutefois que les motifs qui soutiennent cet effort soient toujours bien inspirés et qu'étant bien inspirés ils soient toujours bien orientés. Les problèmes qui se posent dans les situations concrètes sont si complexes qu'il est malaisé d'établir dans quelle mesure un mouvement, un parti, lutte dans le sens de la liberté.

Nationalisme et liberté

Avec le libéralisme économique et le marxisme, le nationalisme est l'idéologie la plus répandue et la plus influente du monde contemporain. Tandis que le libéralisme fut le principe des révolutions bourgeoises, le nationalisme et le marxisme en sont, mais d'une manière bien différente, des produits. Dans les démocraties occidentales, aussi bien que parmi les pays socialistes et les peuples du tiers monde, le nationalisme succède aux tribalismes et aux absolutismes comme principe des solidarités requises pour l'intégration politique. Partout, selon diverses modalités, il fonde le sens de l'identité politique, contribue à l'intégration des peuples, mobilise les individus et les groupes pour l'action et légitime l'action elle-même.

D'aucuns préfèrent parler de sentiment national ou de patriotisme plutôt que de nationalisme. Alors que le sentiment national et le patriotisme seraient « naturels » et valables, le nationalisme serait « artificiel » et répréhensible. Il est toutefois difficile en pratique de maintenir cette distinction. Ce que les uns veulent considérer comme du patriotisme ou l'expression d'un sentiment national légitime est perçu par les autres comme étant du nationalisme virulent. Dès lors que l'amour de la nation ou de la patrie devient un facteur sous-tendant les projets et les actions économiques, culturels et politiques, il se formalise en doctrine et devient nationalisme.

Pour les individus et les groupes qu'elle rassemble dans une commune solidarité, la nation constitue un principe médiateur vers l'universel. Cette médiation possède une valeur certaine mais cette valeur, certes, est relative. Elle est un produit des conditions historiques et elle sera un jour remplacée par d'autres formes de solidarité. Et d'ailleurs, en deçà et au-delà de la nation, d'autres principes de médiation disputent à cette dernière sa suprématie comme structure d'encadrement des individus et des collectivités partielles.

Sans aucun doute le nationalisme institue une société plus ouverte que le tribalisme. Il représente un fruit de la liberté puisqu'il est un produit des luttes de la bourgeoisie pour émanciper l'homme des frontières closes du féodalisme et du totalitarisme inhérents à la doctrine du droit divin. Mais son rapport à la liberté reste ambigu puisqu'à son tour, s'il agrandit les frontières physiques et psychologiques de l'homme, il ne les supprime pas et que, lui aussi, sous ses formes perverses, tend à faire de l'État-nation un absolu.

Au Québec comme ailleurs, le nationalisme représente une dimension permanente de la culture, de l'économie et de la politique. Depuis Maurice Duplessis, et surtout depuis Jean Lesage, il colore à des degrés divers la politique des gouvernements. Ceux qui, parmi ces derniers, tel le gouvernement libéral de Jean Lesage en 1965-66 et celui de Robert Bourassa de 1974 à 1976, ont voulu évacuer le nationalisme n'y ont réussi qu'à demi et ils se sont retrouvés devant le vide, d'où leur apparente aboulie et leur échec.

Un phénomène aussi stable ne saurait être le fruit du caprice des hommes. Il faut le considérer comme une réponse que les Québécois donnent de leur situation en Amérique du Nord, au Canada et au Québec. C'est la recherche de la sécurité collective qui fonde le nationalisme des Québécois. Et condamner en bloc et sans discernement ce nationalisme, ce serait condamner la majeure partie de l'histoire intellectuelle québécoise. Il serait d'ailleurs vain de chercher à contrer ce nationalisme en se livrant à des accès d'indignation morale. C'est à corriger la situation qui nourrit ce nationalisme qu'il faut s'appliquer.

Le nationalisme du Parti québécois et du présent gouvernement prend certes beaucoup de place dans l'esprit d'un nombre apparemment croissant de gens. Il est vrai que dirigeants politiques et partisans répètent à satiété que, pour eux, la nation est un moyen et non une fin. Après un an d'exercice du pouvoir, il apparaît que, par la force des choses, la nation, instrument nécessaire, risque de devenir l'équivalent de la fin de la Cité. Le nationalisme risque de se débrider quand on s'en sert constamment comme d'un principe premier pour toutes les politiques, culturelles, sociales et économiques.

Le nationalisme québécois révèle le caractère ambigu de tout nationalisme en ce qui touche la liberté. Ce nationalisme se présente comme le principe de l'identité et de l'indépendance du peuple québécois mais, par ses débordements possibles, il risque de refermer le peuple sur lui-même et de l'enclore dans l'ethnocentrisme. On doit déplorer ces tendances pernicieuses, mais on doit en même temps répéter que tout nationalisme, quand il est mené à bout par ses adversaires aussi bien que par ses partisans, risque de dégénérer en un totalitarisme moral et intellectuel.

Dans sa recherche de ses grandes orientations, le Parti libéral du Québec ne peut faire impunément fi du nationalisme. On l'a souvent répété : le résultat de l'élection du 15 novembre 1976 n'est pas une cause mais un effet - un effet à l'égard duquel le Parti libéral du Québec, qui avait occupé le pouvoir durant douze des seize années précédentes, a eu quelque responsabilité. Il est vrai que l'effet - c'est-à-dire le gouvernement du Parti québécois - est à son tour devenu une cause *sui generis* d'amplification et de réorientation du nationalisme. D'aucuns n'aiment pas entendre rappeler que la question nationale va bon gré mal gré se poser tant qu'on n'aura pas trouvé le moyen, par des réaménagements constitutionnels, politiques et économiques, de diminuer l'insécurité collective des Québécois. Le Parti libéral du Québec devrait avoir appris que ce n'est pas par l'anti-nationalisme que l'on corrige ce qu'on considère être des excès du nationalisme. Ceux-là se trompent qui estiment que la tâche première aujourd'hui consiste à abattre coûte que coûte le Parti québécois et que, ce faisant, on exorcisera automatiquement le nationalisme. Ils devraient savoir que dans le contexte actuel, c'est précisément l'anti-nationalisme qui est la cause première des débordements du nationalisme.

Il serait d'ailleurs vain à ce moment-ci de se lancer dans une guerre des idéologies. Il faut prévoir que la ferveur du nationalisme québécois ne pourra que s'élever tant qu'on n'aura pas commencé à appliquer des mesures réellement correctrices de la situation des Québécois. Au regard de l'histoire, il ne fait guère de différence que ces mesures viennent d'un gouvernement du Parti québécois ou du gouvernement d'un autre parti. Pour ma part, j'estime qu'il serait plus facile à un autre parti que le Parti québécois d'imaginer et d'adopter ces mesures, mais depuis quinze ans je me demande s'il se trouvera au Canada et au Québec d'autres partis qui auront la volonté de s'attaquer sérieusement à la recherche de solutions adéquates et le courage de les appliquer. Il se pourrait que le présent nationalisme, avec ou sans le Parti québécois, s'impose encore longtemps aux Québécois comme une sorte de fatalité.

Système économique et liberté

Toute grande civilisation repose sur une large base matérielle. On peut discuter de la valeur respective de tous les systèmes économiques; on ne saurait toutefois mettre en cause l'importance d'une économie stable et prospère pour les individus et pour les peuples. Mais en même temps on ne peut de façon automatique conclure du fait de la prospérité économique au règne des libertés personnelles et collectives. Le rapport entre économie et liberté est beaucoup plus complexe.

Ces propos ouvrent sur une très large question dont je ne relèverai qu'un petit nombre d'aspects portant sur l'économie capitaliste libérale et sur la situation économique des Québécois francophones.

Les mérites historiques du capitalisme industriel sous sa forme libérale sont immenses et évidents. Karl Marx lui-même les a pleinement et abondamment reconnus et vantés. Le capitalisme industriel libéral, infiniment plus que les systèmes économiques antérieurs, a libéré toutes les forces productives, le capital, le travail et les ressources matérielles. Il a mis en œuvre un mécanisme d'échange et de distribution d'une excellence jusque-là inégalée, à tel point que de nombreux philosophes des lumières, dont Voltaire, les physiocrates et les théoriciens libéraux ont cru qu'il devrait en découler l'harmonie universelle.

Mais à regarder les résultats de l'application, sans aucun doute imparfaite de ce système depuis la fin du dix-huitième siècle, on est, il me semble, en droit de se demander si tel est bien là le système économique le plus parfait qui puisse aujourd'hui se concevoir. Y aurait-il lieu de revenir aux sources afin de repartir à neuf ou encore faudrait-il imaginer un système fondé sur d'autres postulats plutôt que de s'attaquer inlassablement et avec de moins en moins d'espoir à réparer pièce par pièce le système existant de même que de réclamer de la part d'institutions non économiques (naguère l'Église, aujourd'hui l'État) des interventions toujours plus nombreuses, plus considérables et plus contraignantes pour compenser ses insuffisances chroniques ou conjoncturelles.

Le capitalisme s'inspire indiscutablement du libéralisme, mais il ne saurait être considéré sans restrictions comme un allié naturel de la démocratie libérale. C'était peut-être un capitalisme dénaturé, et certainement un capitalisme effrayé, mais tout de même un capitalisme que celui qui, trahissant sans vergogne la République libérale de Weimar, s'est placé sous la protection du national-socialisme et a largement contribué à la consolidation du régime fasciste en Allemagne. Il apparaît, par contre, que dans plusieurs pays l'aspiration démocratique a tempéré l'inspiration capitaliste. Il en est résulté une symbiose, appelée *Welfare State*. Cette symbiose a certes produit des résultats appréciables puisque, du moins au sein des nations industrialisées, il en est résulté plus de justice pour la majorité, de même qu'un équilibre entre le capital et le travail suffisant pour le maintien d'une certaine paix industrielle.

Par contre, ce même *Welfare State,* par la multiplication des interventions sur tous les aspects de la vie sociale et économique - interventions, il faut bien le dire très souvent réclamées par les agents économiques eux-mêmes - aboutit à un degré si poussé de centralisation des décisions aux mains des fonctionnaires gouvernementaux qu'il en résulte, par l'institution du pouvoir technocratique, l'impuissance et l'irresponsabilité généralisée des individus et des groupes particuliers.

Sur ce point comme sur bien d'autres, le gouvernement du Parti québécois se révèle être l'héritier des gouvernements qui se sont succédés au Québec depuis 1960. Il se peut qu'il accentue des comportements bien acquis depuis dix-sept ans, mais il serait faux de dire qu'en rupture avec le passé récent d'ouverture économique sur le continent, il renoue avec l'ancienne tradition de repliement sur soi, laquelle d'ailleurs ne me paraît pas avoir tellement inspiré la politique économique de Maurice Duplessis ou d'Alexandre Taschereau.

Il me paraît indispensable que, dans les circonstances présentes, le Parti libéral du Québec s'attaque à réexaminer de près les fondements de ce qu'il est convenu d'appeler le *Welfare State,* de même que ses modalités d'application au Québec.

L'œuvre de réorientation, toutefois, ne sera pas facile puisqu'au-delà de la question nationale elle va mettre en cause toute la dimension sociale et économique de la situation des Québécois, à l'émergence de laquelle le Parti libéral du Québec lui-même a si puissamment contribué depuis toujours, et surtout depuis 1960. Cette œuvre de réflexion va obliger, au-delà des comportements politiques qui le plus souvent ne sont que des conséquences, à repenser les fondements mêmes du système capitaliste libéral.

En discutant des rapports du capitalisme et de la liberté, s'agissant du Québec, il est impossible de passer sous silence la situation économique des Canadiens français en ce qui concerne la participation linguistique au travail et le contrôle des établissements. Il serait oiseux de revenir sur cette question qui a fait l'objet de deux excellentes études d'André Raynauld, et d'autres, de François Vaillancourt, de P. Fréchette, R. Jouandet-Bernadat et J.P. Vézina.

Si la connaissance de cette situation défavorable aide à comprendre pourquoi tellement de Québécois francophones ne manifestent guère d'enthousiasme à l'endroit du système économique existant, on n'est pas encore à ma connaissance parvenu à montrer de façon claire de quelle façon ceux-ci pourraient réussir à améliorer leur situation. Jean-Luc Migué a bien proposé trois méthodes possibles de promotion économique des Québécois francophones : l'effort personnel des Québécois, l'institution d'un capitalisme autochtone sous la protection de l'État ou encore la création d'une base économique québécoise organiquement reliée au réseau nord-américain. Le gouvernement du Parti québécois s'est donné comme une de ses tâches majeures d'améliorer le statut économique des Canadiens français comme individus et comme collectivité, mais les difficultés de toutes sortes qui l'assaillent et peut-être également l'inexpérience de plusieurs de ses membres entravent lourdement son action. La responsabilité qui échoit au Parti libéral en ce qui touche à la question économique et plus largement à la question sociale est grande dans le contexte actuel d'incertitude qui prévaut au Québec. Sans aucun doute, fidèle à sa nature, ce parti adhérera-t-il à une formule s'inspirant du libéralisme économique. Mais il devra tenir compte du fait qu'en économie comme ailleurs, la liberté des individus reste aléatoire si le statut de la collectivité à laquelle ces derniers appartiennent en est un de dépendance.

Le statut politique du Québec

La victoire du Parti québécois fut un résultat dramatique de la crise canadienne que déjà la Commission d'enquête sur le bilinguisme et le biculturalisme avait clairement perçue en 1965. En même temps, on pressent que cette crise va bientôt se dénouer d'une façon ou de l'autre.

On ne saurait exclure *a priori* aucune des grandes options constitutionnelles et politiques. Si un choix ou l'autre paraît aujourd'hui plus probable, il ne s'ensuit pas que ce doive être celui-là qui en définitive soit retenu. D'ailleurs, sur ce point les vues sont bien partagées. Je vais centrer mes propos sur le projet de souveraineté-association du gouvernement du Parti québécois.

J'ai déjà dénoncé comme illusoire le slogan de la souveraineté culturelle, cher à l'ancien Premier ministre, Robert Bourassa. La souveraineté, en effet, ne peut être que politique, elle est indivisible et elle se fonde sur une symbiose particulière de la culture, de l'économie et de la politique. La formule de souveraineté-association du Parti québécois, elle, est claire et place l'accent sur l'essentiel. Et tandis qu'avec Robert Bourassa on savait qu'il n'y avait pas là de quoi fouetter un chat, il n'en est pas de même avec René Lévesque qui, lui, est très sérieux. C'est d'ailleurs ce qui stimule les uns et effraie les autres.

La question pourtant se pose de savoir dans quelle mesure la formule de souveraineté-association a des chances d'être appliquée et, si oui, de quelle manière. Sur ce point également les vues sont partagées. Il me semble qu'on estime trop facilement qu'il y aura obligatoirement des négociations entre le Québec et le gouvernement fédéral et les autres gouvernements provinciaux sur les modalités de l'association. Il se pourrait tout aussi bien que ces négociations ne puissent avoir lieu ou encore qu'elles échouent. Pour ma part, je suis sceptique sur les résultats de l'entreprise. J'estime notamment qu'on accorde trop d'importance aux déclarations de tel ou tel personnage politique sur la concordance possible d'une éventuelle troisième voie imaginée par les groupes de travail fédéraux et la souveraineté-association. Je ne crois pas qu'au Canada anglais on soit plus près aujourd'hui qu'il y a un an d'accepter le principe même de négociation tel que le préconise le gouvernement du Parti québécois. Les appréhensions ne semblent pas apaisées, au contraire. Il se peut donc qu'on ne puisse jamais parvenir à un véritable contrat d'association.

Je comprends que les deux gestes de souveraineté et d'association, dont on dit qu'elle restera largement économique, même s'ils se distinguent logiquement, seront simultanés dans le temps. En d'autres termes, le gouvernement du Québec, au moment où il négocierait l'association serait réellement souverain, et c'est de son plein gré, en tant qu'organe d'État, qu'il négocierait avec ses partenaires, en parfaite égalité, les modalités de l'association économique. Ce scénario est fort valable, mais il suppose qu'il y aura de réelles négociations préalables au contrat d'association et que ces négociations seront fructueuses.

En effet, dès le lendemain du 15 novembre 1976, les gouvernements du Québec et fédéral, par manque de confiance réciproque et mus comme par un sentiment de vengeance, se sont enfermés dans une implacable logique de confrontation dont ils ne peuvent guère plus désormais se dégager. Dans les circonstances, le gouvernement du Québec pourrait être éventuellement acculé au seul choix véritable qui, à vrai dire, compte tenu des dispositions morales des hommes et des contraintes des institutions, s'est toujours offert à lui : se résoudre à une déclaration unilatérale d'indépendance politique ou, devant la détermination de ses partenaires à ne rien concéder, renoncer au projet d'indépendance et accepter de négocier, en tant que province et non plus comme État souverain, une nouvelle constitution pour le Canada.

Deux facteurs entravent l'exécution du projet de souveraineté-association du Parti québécois. D'abord les contraintes de la rationalité politique qui expliquent que la seule logique qui va s'imposer aux partenaires en soit une de confrontation. Ensuite les contraintes de la rationalité économique. Les stratèges de la campagne pour la souveraineté-association me paraissent oublier que le comportement des agents économiques est déterminé par certaines attentes et motivations. C'est ainsi que l'ampleur des investissements et la fréquence des innovations industrielles dépendent étroitement du sentiment de sécurité qui, lui, découle du climat socio-politique. Or, même les fervents partisans de la cause de l'indépendance du Québec admettent que le comportement des agents économiques étrangers, canadiens et québécois est de nature à amplifier la crise économique en cours résultant de la mauvaise conjoncture internationale.

24

Or, si le constat est valable, l'interprétation qu'on en tire, elle, est erronée. C'est ainsi que l'on s'en prend à la mauvaise volonté des agents économiques et qu'on les exhorte à mieux comprendre les véritables intentions du gouvernement du Parti québécois. Ces admonitions laissent les agents économiques indifférents, non pas parce qu'ils sont méchants, mais parce qu'à l'instar des financiers et des industriels de tous les pays, capitalistes ou socialistes, ils ne vont prendre des risques que s'ils ont confiance dans la stabilité du système politique au sein duquel ils œuvrent. Or, le plus qu'on puisse dire aujourd'hui au sujet du Canada et du Québec, c'est que la stabilité politique est incertaine. Au lieu de dénoncer les établissements industriels et financiers pour leur attitude circonspecte, sinon hostile, envers le projet politique du présent gouvernement du Québec, les membres de ce gouvernement devraient s'efforcer de répondre convenablement aux questions que leur posent les chefs d'entreprise et les associations patronales et d'affaires tout comme d'ailleurs les dirigeants des syndicats. C'est précisément là la tâche à laquelle le ministre des Finances, Jacques Parizeau, s'emploie depuis un an. D'autres ministres mettent malheureusement encore plus d'ardeur à jeter de l'huile sur le feu en brandissant le gros bâton des contrôles étatiques et des nationalisations. Mais en réalité, Jacques Parizeau lui-même échoue à sa tâche puisqu'il ne saurait, sans se dissocier du gouvernement auquel il appartient, dissiper pleinement les craintes qu'entretiennent les agents économiques à propos du projet même de souveraineté-association.

Le problème concernant le projet de souveraineté-association, c'est beaucoup moins son existence que les incertitudes concernant le temps et les modalités de sa mise en application. De toutes parts, on demande au gouvernement de mettre au plus tôt un terme à ces incertitudes en produisant l'échéancier des opérations, et notamment en procédant dans les plus courts délais au référendum sur le statut politique du Québec. Or, il est évident que le gouvernement ne peut accéder à ces demandes sans en même temps accepter de renvoyer son projet aux calendes, tant il est probable qu'une minorité seulement favorise actuellement ce projet. Il faut se résoudre à voir durer pendant encore plusieurs années la situation politique créée par la victoire du Parti québécois en 1976. Il revient dans ces conditions au Parti libéral du Québec de mettre en œuvre un programme d'action qui, tout en s'attaquant de front et sans arrière-pensée aux aspects de la situation des Québécois que le Parti québécois entend fort justement corriger et en raison de quoi il obtient un large support parmi la population, soit propre à faire éclater la logique de confrontation dans laquelle s'enfoncent inéluctablement le gouvernement du Québec aussi bien que le gouvernement fédéral et les gouvernement provinciaux. C'est à mon avis à chercher sous quelle forme concrète pourrait s'exprimer dans le contexte d'aujourd'hui la longue tradition autonomiste québécoise qu'il faut s'attacher.

* * *

On me reprochera de n'avoir pas suffisamment fait état dans mon exposé des deux courants de pensée qui sous-tendent la pensée politique québécoise depuis plus d'un siècle, un courant libéral ouvert aux défis du continent et un courant conservatiste centré sur la collectivité francophone. Les historiens ont fait la preuve de l'existence de pareils courants dont on peut aisément suivre la trace jusqu'à 1960 au moins. Il se révèle également que chez ceux qui, parmi les Québécois, se tournaient vers le gouvernement fédéral, le premier courant prédominait assez souvent alors que c'était l'inverse pour ceux qui œuvraient au Québec. J'estime toutefois qu'il ne faudrait pas exagérer l'impact de cette bipolarisation. Pendant longtemps, en effet, le courant conservatiste paraît avoir été beaucoup plus considérable que le courant libéral.

Par ailleurs, il me semble qu'il est devenu très difficile aujourd'hui de différencier ces deux courants. Nombre de dirigeants et membres du Parti libéral canadien et du Parti libéral du Québec paraissent se complaire dans le conservatisme tandis que l'esprit libéral inspire plusieurs dirigeants et membres d'autres partis fédéraux et québécois. Sur ce point, le Parti québécois, par sa composition et ses orientations politiques, me paraît avoir effectué une symbiose des deux traditions. Sans aucun doute, sous plusieurs de ses traits et par ses positions sur le plan national, il se rattache au courant protectionniste et ethnocentriste alors que sous d'autres traits et par ses orientations sociales et économiques l'influence du courant libéral transparaît.

Pour bien comprendre le Parti québécois, il importe de voir que, par sa naissance et son évolution, il est un héritier direct de la Révolution tranquille. Il reproduit, en les magnifiant, les caractéristiques principales du Parti libéral sous Jean Lesage et de l'Union nationale sous Daniel Johnson. C'est d'ailleurs là la principale raison pour laquelle un si grand nombre de Québécois se reconnaissent en lui et lui apportent leur concours. Bien entendu, les différences ne manquent pas entre le Parti libéral et le Parti québécois. Le fait que le Parti québécois soit plus nationaliste que le Parti libéral de Jean Lesage ne signifie toutefois pas qu'il soit moins libéral.

Par exemple, l'excès de confiance dans la capacité du gouvernement d'influencer l'activité culturelle et économique évident dans le Parti québécois est une manifestation bien typique de l'adhésion à l'idéologie du *Welfare State* que le gouvernement de Jean Lesage a si fortement contribué à implanter chez nous. Ce n'est que de façon secondaire que cette orientation révèle en même temps l'influence d'un nationalisme conservatiste.

J'estime qu'il serait plus juste et plus profitable de rattacher les deux courants de pensée que l'on peut distinguer au Québec aux deux grandes traditions qui se sont imposées en Occident depuis le triomphe du libéralisme et l'avènement des démocraties. Ces deux traditions résultent du débat concernant la nature de la liberté dans une société démocratique. Les démocrates sont d'accord sur le fait qu'en dernière instance il ne saurait y avoir de liberté que personnelle et que tous les combats pour la liberté ne peuvent viser rien d'autre que l'émancipation de l'homme face aux déterminismes que lui imposent la nature et la société. Mais, tandis que les uns estiment que dans ces luttes pour la liberté contre la nécessité, l'homme doit surtout miser sur sa propre initiative et ses efforts personnels, les autres soutiennent qu'au contraire les libertés personnelles sont médiatisées par les collectivités protectrices (la classe, la nation, etc.) et que la personne individuelle ne saurait être libre si les collectivités qui l'encadrent sont elles-mêmes dépendantes. Dans cette optique, la lutte pour l'indépendance de la classe, de la nation, etc, apparaît comme une phase préliminaire indispensable de la libération de la personne individuelle.

Ces deux conceptions de la liberté sont inconciliables et donnent souvent lieu à des oppositions entre les nations selon les régimes politiques et au sein des nations suivant les intérêts des collectivités partielles. Ceux que la situation favorise adhèrent généralement à une conception individualiste de la liberté tandis que ceux qui ont lieu de se plaindre préconisent plutôt une conception organique.

Ce sont là toutefois des positions idéologiques que la pratique des choses modifie sérieusement. Ainsi, on se demande comment, là où prédominent les préoccupations au sujet de la guerre, de la sécurité nationale, du chômage, de l'inflation, de la paix sociale, de la crise de l'énergie, il est possible de poursuivre un projet libéral qui s'inspire de la visée individualiste. On se demande également, face aux obstacles qui se dressent devant eux, de l'extérieur, comment les dirigeants des nations ou des classes faibles et dépendantes, quelque démocrates qu'ils soient peuvent poursuivre le projet d'indépendance collective, sans être éventuellement contraints de suspendre les libertés personnelles, ce qui le plus souvent revient à les supprimer.

Il me semble que ces considérations ont quelque pertinence pour les Canadiens et les Québécois contemporains. Les libertés dont nous jouissons, ici comme ailleurs, sont fragiles. Dans une société aussi polarisée que la nôtre sur le plan social aussi bien que sur le plan national, il est illusoire de croire que l'un ou l'autre camp, l'une ou l'autre option, soit *a priori* prémunie contre les débordements en ce qui concerne la liberté. Il n'y a pas de symbiose définitive des libertés personnelles et des libertés collectives. La liberté, ici comme ailleurs, ne saurait être qu'un projet toujours inachevé.

Ces propos fournissent le canevas des tâches auxquelles doit s'attaquer le Parti libéral du Québec.

Il ne sera pas facile au Parti de définir avec précision quelles doivent être ses grandes orientations. Il s'agit en définitive d'imaginer une nouvelle synthèse de la culture, de l'économie et de la politique qui corresponde aux besoins et aux aspirations personnelles et collectives des Québécois et qui, en même temps, n'outrepasse pas les possibilités politiques d'aujourd'hui.

En 1973, j'avais recommandé au Parti libéral du Québec de constituer un groupe d'étude ayant mandat d'élucider cette nouvelle synthèse de la culture, de l'économie et de la politique pour le Québec. Je réitère aujourd'hui ma suggestion. Le Parti libéral du Québec ne peut pas se contenter de recourir à une simple inflation verbale qui compenserait l'absence de volonté d'action. Après de durs déboires, il lui revient de se mettre résolument à l'œuvre. Il importe toutefois de ne pas isoler la pensée de l'action - penser d'un côté et agir de l'autre - mais de penser en vue de l'action.

Pour un vrai parti libéral

PIERRE LEMIEUX

PIERRE LEMIEUX
Économiste. Actuellement en stage d'études au Liberty Fund
Senior Scholar à l'Institute for Human Studies en
Californie où il prépare un ouvrage sur l'économie et la philosophie politique du libéralisme. A été professeur
d'économie aux universités de Moncton, N.B. et Laval, et
consultant en économie pour plusieurs organisations
publiques et privées.

C'est un grand libéral — Thomas Jefferson, je crois — qui a dit: « Si je ne pouvais aller au paradis qu'avec un groupe, je n'irais pas du tout ».

On voit bien quelles sont les deux grandes philosophies politiques qui s'opposent : d'une part, l'individualisme et le libéralisme; d'autre part, le socialisme et le nationalisme d'État.

Les décisions que vous prendrez quant à l'orientation de votre parti et quant à l'avenir du Québec, se rattachent directement à cette alternative fondamentale qui s'offre aux gens de notre époque : ou bien une société libérale et ouverte, ou bien une société étatisée et enrégimentée.

Il est bien rafraîchissant de lire votre projet de manifeste. C'est un des rares documents politiques dans l'histoire du Québec qui affirme assez nettement le principe de la liberté individuelle et qui rejette assez catégoriquement l'hypothèse étatiste selon laquelle l'État doit tout voir, tout savoir, se mêler de tout et tout contrôler.

Depuis au moins trois cents ans, le libéralisme est justement la philosophie qui s'oppose à l'étatisme, c'est-à-dire à toutes les superstitions idéologiques qui aboutissent aux prérogatives, à la puissance et à l'arrogance de l'État. Le libéralisme s'oppose à l'État interventionniste, au nationalisme et à la social-démocratie.

La social-démocratie

La social-démocratie, parlons-en.

Le premier problème de la social-démocratie, c'est le terme « social ». « Social » est devenu un mot magique qui ne signifie rien du tout, si ce n'est une opposition souvent irraisonnée à la liberté individuelle. Le fameux concept de « justice sociale », par exemple, est tout à fait vide de sens. Avez-vous remarqué que plus on parle de « justice sociale » plus il y a de gens qui sont victimes d'injustices? Évidemment, ça fait moderne de parler de « justice sociale » et, surtout, c'est censé clore le bec à n'importe quel adversaire.

Le deuxième problème de la social-démocratie réside dans son démocratisme arbitraire. Un libéral ne reconnaîtra jamais tous les droits à une majorité politique. Le libéral ne compte pas les nez comme si les gens n'étaient que du bétail. Si, historiquement, le libéralisme s'est trouvé lié à la démocratie, c'est que la démocratie fut d'abord conçue comme un simple moyen de limiter le pouvoir de l'État.

Il est vrai que le terme « libéral » a en quelque sorte été usurpé par les sociaux-démocrates américains et qu'il a été galvaudé par bien des partis soi-disant « libéraux » dans les pays du Commonwealth. Mais dans le monde latin, « libéral » a conservé sa signification classique; « libéral » signifie ce qu'il a toujours signifié, c'est-à-dire celui qui tient le pouvoir de l'État en haute suspicion, qui veut le limiter autant qu'il est possible, qui vise non seulement à freiner la croissance cancéreuse de l'État, mais aussi à diminuer radicalement la place que l'intervention de l'État a prise dans nos vies.

Le Parti libéral du Québec

Entre le libéralisme et le socialisme, où donc se situe votre parti?

Avant que vous ne décidiez où il se situera dans l'avenir, il est temps que quelqu'un vous dise vos quatre vérités, qui se résument en une seule : jusqu'à maintenant, de mémoire de jeune homme en tout cas, votre parti n'a jamais été libéral; le « Parti libéral du Québec » n'est pas un parti libéral.

Il y a certainement des tendances libérales parmi vous. Autrement, vous n'auriez pas le projet de manifeste que vous avez, et je présume que vous ne m'auriez pas invité à vous adresser la parole. Mais cela ne change rien au fait que votre parti en tant que tel est à peu près aussi étranger au libéralisme que les gens qui occupent aujourd'hui à Québec votre place encore chaude.

De 1970 à 1976, le gouvernement prétendu libéral du Québec a fait adopter par l'Assemblée nationale environ 526 lois. En six ans, *526 lois!* Si on tient compte des heureuses périodes où nos faiseurs de lois étaient en vacances, ça fait deux nouvelles lois par semaine, quelques dizaines de nouveaux articles de loi chaque semaine. 526 lois qui, dans presque tous les cas, se sont ajoutées aux innombrables lois qui nous imposaient déjà d'innombrables obligations légales. Ajoutez encore à cela les myriades de règlements, d'arrêtés en conseil et de directives administratives qui ont accompagné toutes ces lois et vous observez ce que le grand juriste français Georges Ripert appelait « le miracle de la multiplication des lois. »

Les politiciens et les technocrates vous diront, bien entendu, que toutes ces nouvelles lois, depuis 1970 et précédemment, étaient tout à fait indispensables. Mon Dieu, que ça devait aller mal avant! Et Dieu merci, ça va donc bien maintenant.

Saviez-vous que, selon un document publié par votre parti, il a même fallu une loi pour permettre la vente de la bière en canettes?

S'il fallait que les citoyens lisent, mot pour mot, le texte intégral de toutes ces lois qu'ils sont censés connaître et auxquelles ils sont supposés obéir, les cheveux leur dresseraient sur la tête.

Et on a le toupet, après cela, de venir nous dire « qu'on a besoin d'un vrai gouvernement »! C'est bien le contraire : nous en avons déjà trop eu de vrais gouvernements. Nous n'avons pas besoin d'un vrai gouvernement, si ce n'est dans le sens d'un gouvernement qui aura le courage de nous débarrasser de la pollution gouvernementale.

On ne réalise pas toujours que les gouvernements précédents avaient déjà fort bien pavé la voie aux brillantes idées législatives du gouvernement actuel. Le parti qui se dit aujourd'hui le gouvernement du Québec ne fait que pousser un peu plus loin la logique des mêmes principes dont votre parti s'inspirait lui-même quand il était au pouvoir.

Le dernier gouvernement prétendu libéral ne se gênait pas pour intervenir dans les transactions et dans la vie des gens. C'est ce gouvernement, par exemple, qui a introduit le contrôle des loyers. Il s'était déjà mis le nez dans l'assurance-automobile. Son « Code des professions » nous a presque ramenés au corporatisme du moyen âge. Avec la loi 22, votre gouvernement s'était lui aussi mêlé de la langue que les gens parlent. Il a imposé des restrictions aux ventes de terrains aux méchants étrangers. Il a mis son grain de sel dans le commerce du pain, faisant augmenter les prix aux consommateurs. Il a donné à la Commission de police du Québec des pouvoirs d'inquisition inimaginables. Et qui donc, je vous le demande, avait lancé la brillante idée d'interdire les gens que l'on appelle les « briseurs de grève », mais qu'on devrait plutôt appeler des briseurs de monopoles et d'orthodoxie totalitaire? Et j'en passe, et j'en passe.

Il est d'ailleurs significatif que le langage même du Parti libéral était de plus en plus indifférencié des élucubrations du Parti québécois. Plusieurs de vos dirigeants se gargarisaient aussi des concepts vides de « droits collectifs », de « justice sociale », et cetera.

Bref, le Parti libéral du Québec était devenu un parti social-démocrate qui s'ignorait.

Il y a déjà quelques années, je prédisais que la Parti québécois prendrait le pouvoir si la seule autre option offerte aux électeurs était un parti dont la seule imagination consistait à renifler la piste de son adversaire.

Ce qui vous a coûté le pouvoir, c'est que le Parti libéral du Québec ne défendait aucun principe, aucune philosophie, qu'il ne véhiculait aucune intention si ce n'est le désir de singer le Parti québécois avec l'espoir de se faire porter par la même vague. Ce qui vous a perdus, c'est votre opportunisme de politicien, qui vous a amenés à avoir le pouvoir pour seul idéal et les idées de vos adversaires pour seul modèle.

Le projet de manifeste du PLQ

Mais vous avez maintenant la chance de faire de votre parti un parti libéral.

D'ailleurs, si notre civilisation doit survivre, le libéralisme est la voie de l'avenir. Partout dans le monde, on commence à observer une grande renaissance intellectuelle du libéralisme, surtout parmi les jeunes.

Votre projet de manifeste constitue un bon point de départ pour un parti qui se voudrait libéral.

Plusieurs grands principes libéraux y sont assez bien formulés. La primauté de la liberté et des préférences individuelles, l'importance de la liberté économique (liberté des prix et entreprise privée), la nécessité de réduire le rôle de l'État en faveur de l'initiative privée, toutes ces idées libérales fondamentales sont assez clairement affirmées par votre projet de manifeste. Le corporatisme y est fermement rejeté. Et les auteurs de votre projet de manifeste ont la sagesse et le courage d'affirmer que si l'État doit reconnaître la liberté d'association, il ne doit pas imposer la syndicalisation forcée.

La question de la liberté d'association et de la liberté du travail illustre un point fondamental. Devant les nombreuses grèves où le public est pris en otage, la réaction de nos politiciens anti-libéraux consiste à blâmer la trop grande liberté des parties en cause et à leur imposer des lois spéciales qui sont tout aussi immorales et néfastes que le mal qu'elles cherchent à guérir. Or, dans ce domaine comme ailleurs, nous n'avons pas *trop* de liberté, mais *pas assez;* et la solution de nos problèmes requiert, non pas de nouvelles restrictions à la liberté, mais bien plutôt l'abolition des barrières existantes. Il suffirait tout simplement que la loi cesse de créer, de protéger et de maintenir des monopoles syndicaux et des piquets de grève infranchissables. De façon plus générale, la solution de nos problèmes exige non pas moins de liberté, mais plus de liberté. Comme le disait Alexis de Tocqueville : « Il arrive quelquefois que l'extrême liberté corrige les abus de la liberté ».

Évidemment, je me méfie d'un parti politique qui ne parle de liberté individuelle que lorsqu'il est dans l'Opposition. Mais ce qui m'inquiète davantage, c'est que, à côté des grands principes libéraux, votre projet de manifeste avance souvent des idées qui sont incompatibles avec ces mêmes principes.

Au même niveau que les libertés individuelles, votre projet de manifeste place ce qu'il appelle « l'égalité des chances devant la vie ». Si cela signifie l'égalité devant la loi, c'est un idéal bien libéral. Mais si vous parlez d'égalité matérielle ou même d'égalité des chances au départ, il n'y a rien de plus incompatible avec le libéralisme.

L'égalité des chances est un mirage. Tant que les enfants auront des parents à eux et des chromosomes privés, il est impossible qu'il y ait égalité des chances dans la vie. Et tenter d'approcher le mirage de l'égalité sociale mène tout droit au genre de gouvernement que nous avons maintenant et, éventuellement, à l'État totalitaire.

Votre projet de manifeste semble souvent concevoir la démocratie comme une fin en soi. Cela n'est pas libéral : la démocratie absolue n'est jamais libérale. Je ne peux faire mieux, ici, que de citer le grand politicologue Bertrand de Jouvenel, qui écrit : « Il est également vain et dangereux de vouloir faire de la Société une grande famille, comme le socialisme sentimental, ou une grande équipe, comme le socialisme positiviste ».

Votre projet de manifeste s'oppose à la centralisation politique dans le domaine de la santé et de l'éducation, par exemple. C'est là une position bien libérale, mais à condition que l'on ne se contente pas d'une simple décentralisation politique à l'intérieur de la machine étatique. Une décentralisation libérale exige surtout qu'on laisse des institutions libres et privées prendre le dessus.

Réduire l'État ne signifie pas seulement arrêter les nationalisations. Réduire l'État ça veut dire aussi *dé*nationaliser ! Vous devez vous engager à dénationaliser tout ce que le présent gouvernement aura nationalisé, dans le domaine de l'assurance, de l'amiante, ou de quoi que ce soit d'autre. Et ne vous contentez pas de réparer les gaffes du Parti québécois : mettez votre imagination au service de la liberté. Par exemple : qu'est-ce que l'État vient faire dans le commerce des boissons alcooliques ? Vendez la Société des alcools du Québec — si quelqu'un est assez fou pour l'acheter. Débarrassez-nous-en d'une façon ou d'une autre. Laissez le marché libre. Laissez faire la concurrence, qui profitera au consommateur.

Votre manifeste dit bien que les monopoles sont généralement des créatures de l'État. Mais on fait erreur en ajoutant que l'État doit « *imposer* la concurrence ». Il suffit que la loi ne rende pas la concurrence illégale. Tout ce qui est nécessaire, et c'est déjà beaucoup, c'est d'abroger toutes ces dispositions légales qui créent et maintiennent des monopoles, qu'il s'agisse de monopoles publics, de monopoles syndicaux, ou de monopoles privés.

Certaines propositions de votre manifeste sont aussi louches qu'elles sont vagues. Par exemple, que signifient toutes ces belles pensées sous la rubrique « organisation du travail » ? Veut-on suggérer que l'État, dans sa grande sagesse et sa grande efficacité, ira imposer une nouvelle organisation aux entreprises ?

Je m'inquiète aussi de ce que votre manifeste présente l'État comme « un régulateur de l'activité économique générale ». Il est clair que les politiques anti-cycliques ont échoué. Afin de résoudre le problème galopant du chômage et de l'inflation combinés — un problème d'ailleurs créé par l'État lui-même — le professeur Hayek, prix Nobel d'économie, propose rien de moins que la *dénationalisation de la monnaie* (c'est là le titre de son livre récent à ce sujet). Le moins que l'on puisse dire, en tout cas, c'est qu'il est loin d'être évident que l'on doive confier à l'État la responsabilité et le pouvoir d'assurer la stabilité économique. Là comme ailleurs, un libéral voudra réduire l'intervention de l'État autant qu'il est possible.

Votre projet de manifeste propose un régime de revenu garanti. Je suis évidemment au courant de ce que certains libéraux n'y verraient rien de nécessairement incompatible avec le libéralisme.

Milton Friedman fut même un des premiers à lancer l'idée, il y a déjà une vingtaine d'années. La plupart des libéraux, cependant, jugeraient non seulement improductif mais carrément immoral de promouvoir l'oisiveté des uns au prix de l'expropriation du travail des autres. Si j'étais à votre place, je choisirais la voie de la prudence et je refuserais d'engager le Parti libéral dans quelque chose qui risque de devenir un gouffre politique et économique sans fond.

Votre projet de manifeste soulève plusieurs bonnes questions sur la désirabilité de l'intervention étatique dans ce que l'on appelle la culture. Malheureusement, on finit quand même par y recommander « une politique culturelle positive et généreuse ». Mais, encore une fois, qu'est-ce que « Big Brother » fait donc là-dedans? Si « l'État n'a rien à faire dans la chambre à coucher des gens », qu'a-t-il donc à faire dans leur culture? C'est justement parce que la culture est importante qu'il faut empêcher l'État de s'y mettre le nez.

La limitation des pouvoirs à tous les niveaux de gouvernement

En vérité, ces questions sont mal posées. Il ne s'agit pas de savoir qui, du gouvernement fédéral, du gouvernement du Québec ou du gouvernement de la Ville de Montréal, doit avoir le pouvoir de contrôler la langue des gens, de prohiber la vente de la bière en canettes et de cambrioler les agences de presse. La question est de savoir si on doit reconnaître ces pouvoirs à quelque gouvernement que ce soit, de quelque niveau qu'il soit. Pour un libéral, il y a des pouvoirs qui ne doivent appartenir à aucun gouvernement. Le véritable problème n'est pas le partage des pouvoirs, mais leur limitation. Personne ne doit être souverain, c'est-à-dire avoir tous les pouvoirs. L'idée essentielle d'une constitution n'est pas de partager les pouvoirs, mais bien de limiter le pouvoir.

Et peu importe la couleur du drapeau qui flotte au-dessus de nos têtes; peu importe qu'il soit rouge unifolié, bleu fleurdelisé, ou vert à petits pois jaunes. Ce qui importe, c'est que nous soyons libres.

Dans cette perspective, je crois que vous avez raison de défendre l'option fédéraliste. Cependant, votre projet de manifeste

40

insiste trop sur le partage de la souveraineté au détriment de sa limitation. Par exemple, ce n'est pas seulement le pouvoir de dépenser du gouvernement fédéral qu'il faut limiter, il faut limiter aussi le pouvoir de dépenser de tout autre niveau de gouvernement. Au fond, il n'est pas mieux de se faire exproprier par l'impôt québécois que par l'impôt fédéral.

Le libéral est quelqu'un dont les idées politiques sont guidées par des principes. Si la cause de la liberté a reculé autant au cours des dernières décennies, c'est en grande partie parce que, souvent malgré beaucoup de bonne volonté, ceux qui se disent des libéraux n'ont pas su défendre des principes clairs et cohérents. Cela s'applique non seulement aux politiciens, mais aussi à ces gens d'affaires qui s'affichent en faveur du libéralisme mais qui, aussitôt que leurs propres intérêts sont en jeu, ne ratent pas une occasion de quémander l'intervention et le protectionnisme de l'État. Être libéral c'est être guidé par les principes du libéralisme.

Bien sûr, nos principes doivent être réalistes. Mais le réalisme dans les principes est fort différent de l'opportunisme sans principe. Il faut cesser, pour défendre la liberté, d'y faire tellement d'encoches qu'il ne reste plus rien à défendre.

C'est pourquoi j'ai tellement insisté sur le respect des principes libéraux dans votre manifeste. Vous avez entre les mains un document fort intéressant. Mais il vous reste à le renforcer, à le rendre véritablement libéral, à vous assurer qu'aucune interprétation ne pourra le réduire à un ramassis opportuniste de bouts d'idées incohérentes.

Et, si vous êtes des libéraux, vous ne vous laisserez pas impressionner outre mesure par ceux qui, au cours de vos débats, vous parleront sans cesse de modération et de juste milieu. Il est bien vrai que la tolérance est une vertu libérale; mais la modération au prix des principes n'en est pas une. À force de vouloir être modéré à tout prix, on finit par concéder n'importe quoi, on se retrouve à l'extrême centre. Il suffit alors que n'importe quel « gogo » de la gauche imagine un projet encore plus farfelu que les précédents pour que tous nos modérés du juste milieu se déplacent spontanément plus loin du côté de la bêtise. C'est pour cela que le centre politique actuel occupe la place de l'ancienne gauche. Et il ne faut pas trop d'imagination pour entrevoir le jour où les nouveaux modérés considéreront comme un réactionnaire d'extrême droite celui qui s'opposera à la propriété commune des femmes.

Ne faites pas du Parti libéral du Québec un parti d'extrême centre.

Et (sans jeu de mots) vous n'avez pas à rougir de vos idées libérales. Ce n'est pas du côté de l'étatisme mais bien du côté du libéralisme que se situe le véritable humanisme. Nous ne voulons pas de cette société où on ne peut pas vivre si on n'a pas de numéro d'assurance sociale. Nous ne voulons pas de ce socialisme qui mène tout droit à ce que les nouveaux philosophes français appellent « la barbarie à visage humain ».

Pour protéger nos libertés, et reprendre celles qui nous ont été usurpées, il faut rétrécir l'État.

En termes plus pratiques, voici un petit test qui pourra vous aider à déterminer si une mesure politique est libérale ou non. Rejetez tout énoncé, toute proposition qui demanderait une législation nouvelle, à moins évidemment qu'il s'agisse d'une loi abrogeant des lois anti-libérales. Rejetez comme anti-libérales toutes ces brillantes idées qui augmentent les lois et les impôts.

Les choix que vous avez à faire sont extrêmement importants. Philosophiquement, vous choisirez entre le libéralisme et l'étatisme. Politiquement, entre un parti libéral et un parti qui ne l'est pas.

Si (mais c'est un « si » important) — si vous acceptez non seulement le projet de manifeste qu'on vous propose, mais si vous en renforcez vigoureusement la teneur libérale, alors vous aurez choisi l'option libérale. Ce serait là une décision historique. Vous avez la possibilité de faire du Parti libéral du Québec le parti de la liberté et un parti d'avenir. Vous avez la possibilité de renverser la tendance étatiste actuelle et de faire du Québec une terre de liberté.

Un projet de société libérale

ANDRÉ RAYNAULD

ANDRÉ RAYNAULD
Économiste. Docteur en sciences économiques de
l'Université de Paris. Ex-président du Conseil économique
du Canada. Professeur pendant dix-sept ans à l'Université
de Montréal, où il a dirigé le département de sciences
économiques. Directeur fondateur du Centre de recherches
en développement économique de l'Université de
Montréal. A reçu des doctorats honorifiques des universités
de Sherbrooke et d'Ottawa. A publié plus d'une douzaine
de volumes et une centaine d'articles scientifiques. Député
libéral d'Outremont à l'Assemblée nationale depuis 1976.

Nous sommes rassemblés aujourd'hui pour réfléchir à l'avenir du Québec. Nous sommes réunis ici pour que nous convenions du genre d'avenir que nous entendons proposer à nos concitoyens.

L'enjeu est vital, nous le savons. « Bardé de certitudes », enfermé dans ses convictions de doctrinaires, le gouvernement actuel nous conduit là où nous ne voulons pas aller. Il s'appuie sur un mouvement soi-disant irréversible, inéluctable d'une histoire qu'il réécrit à sa convenance. Il faut dénoncer ce mensonge et cette désinvolture. Il faut aussi s'opposer avec acharnement aux gestes quotidiens que ce gouvernement pose pour affirmer sa volonté de pouvoir et nous amener, pas à pas, étape par étape, je devrais dire, à nous incliner devant le fait accompli. C'est notre tâche à nous surtout de l'aile parlementaire.

Mais nous devons faire bien davantage. Nous devons définir et défendre notre propre conception du Québec de demain; si nous refusons l'espèce de société et de pays que nous offre le Parti québécois, ce n'est pas par esprit de contradiction ou par esprit de parti, c'est par attachement à des valeurs fondamentales. Ce sont ces valeurs qui sont à formuler ou à formuler de nouveau de manière à répondre aux véritables espoirs, aux légitimes aspirations de la population.

Nous ne renverrons pas le Parti québécois à ses factions et à ses absolus par des promesses de bouts de chemin; le Parti libéral du Québec doit se donner des orientations générales claires, cohérentes et rigoureuses, des orientations qui portent sur l'essentiel de notre avenir. Nous devons retrouver le sens de la direction, parce que nous l'avions perdu à travers le labyrinthe de l'action au jour le jour. Le sens de la direction dans une collectivité joue le rôle de l'idéal chez un individu. Sans objectifs plus hauts que soi on s'enlise dans la routine, on se laisse ballotter par les événements comme un navire à la dérive. De grandes ambitions, au contraire, appellent le dépassement, l'ardeur, l'enthousiasme, la passion d'accomplir et de vivre. C'est à choisir le modèle de société que nous voulons bâtir au Québec que nous consacrerons ce congrès; aussi me permettrez-vous de poser quelques points de repère dans cette réflexion.

La liberté

Le premier sera la liberté.

En effet le choix le plus fondamental de toute collectivité consiste à savoir si nous voulons vivre comme des hommes libres ou si nous préférons la tutelle de l'État. La question n'est ni oiseuse, ni excessive. Si les libertés politiques ne semblent pas en danger - encore que même ici, des précautions ne seraient pas superflues - les libertés d'ordre économique sont attaquées de toutes parts. Il faut savoir que quand un individu se procure un vêtement ou une maison, il fait une transaction volontaire, une transaction qu'il est libre de ne pas faire si le prix ou le produit ne lui plaisent pas. Par opposition à une telle transaction sur le marché, une décision de nature politique est toujours une décision imposée à quelqu'un sauf en cas d'unanimité. Si une décision est votée à 75% des voix, cette décision est imposée aux 25% des voix restantes. Il s'ensuit qu'à chaque fois qu'on transfère une décision du domaine privé au domaine public, on réduit le champ de la liberté, on agrandit celui du pouvoir. Quand un gouvernement prélève un impôt, c'est autant d'argent qui est soustrait à l'utilisation libre et volontaire des revenus du citoyen. Quand un gouvernement augmente les dépenses publiques, ce sont autant de dépenses privées en moins. Plus l'État dépense, moins le citoyen dépense. La manne ne tombe pas du ciel. À la liberté de consommer et de dépenser, on substitue progressivement l'autorité de l'État.

Or il arrive que les décisions politiques dans notre vie ont pris une ampleur sans précédent depuis une vingtaine d'années. Alors qu'en 1960, on consacrait 30% du revenu brut au paiement des impôts, en 1974 on y consacrait 45%, dont une moitié allait au gouvernement fédéral et l'autre moitié au gouvernement du Québec. On travaille donc maintenant près de six mois par année pour payer des impôts. On peut classer les interventions de l'État en quatre catégories principales : les dépenses directes de consommation et d'investissement qu'on peut mesurer grossièrement par le nombre de fonctionnaires; les dépenses au titre des politiques sociales - assurance-chômage, pensions de vieillesse, aide sociale, et ainsi de suite; la réglementation sous toutes ses formes; enfin les entreprises d'État, constituées directement, nationalisées ou expropriées.

Face à l'envahissement de l'État, certains désireraient sans doute adopter une position de principe et tout rejeter en bloc. Mes convictions personnelles sont plus nuancées. Certaines interventions de l'État sont plus désastreuses que d'autres; ce sont celles qu'il faut attaquer en premier, et nous en aurons plein les bras; ce sont d'abord les nationalisations, auxquelles, à mon avis, il faut s'opposer fermement dans la plupart des cas; ce sont ensuite toutes les réglementations qui ont pour effet d'affecter les prix ou les salaires sur les marchés.

Lorsque les entreprises d'État débordent le domaine des services publics proprement dits, dans lesquels il n'y a pas d'autres substituts souvent aux monopoles privés, elles n'ont pas de justification valable et accaparent sans raison des fonds publics qui pourraient être consacrés à des fins plus utiles. Créer des entreprises témoins, ou acheter des entreprises de gré à gré plutôt que de les nationaliser carrément, relèvent de la tactique ou de la dissimulation, deux vertus très chères à notre ministre des Finances actuel. Sachant fort bien que l'opinion publique n'accepterait pas des nationalisations en série, on y va étape par étape dans ce domaine-ci comme dans d'autres. Mais le Ministre sait aussi qu'une entreprise d'État a cette qualité extraordinaire de créer le vide autour d'elle. Bien loin de stimuler ou d'activer la concurrence, elle la détruit. On l'a vu avec SIDBEC qui élimine ses concurrents un à un, de telle sorte qu'aucun autre soumissionnaire ne s'est même présenté pour racheter Questeel. On a beau faire état des emplois publics qu'on maintient ou qu'on multiplie dans ces entreprises, mais compte-t-on aussi les emplois privés qu'on détruit du même coup? On a beau jeu de déplorer la faiblesse des investissements privés, comme le ministre d'État au développement économique l'a fait la semaine dernière, alors que dans son programme, le Parti québécois annonce aux hommes d'affaires qu'il entend procéder « à une extension soutenue du secteur public ». Les hommes d'affaires savent lire. Poussé à l'extrême, ce système a fait faillite, de tout temps et partout. On l'a constaté autrefois, sous l'Ancien Régime; on le constate aujourd'hui dans les pays communistes; ce système est tellement improductif et inefficace qu'il conduit à des pénuries de produits des mois durant pour les uns, des mois durant pour les autres, sans jamais s'accorder aux besoins des consommateurs.

Les entreprises d'État ne sont pas seulement improductives : sur le plan politique, elles ont le défaut majeur de concentrer, de centraliser le pouvoir en quelques mains. Or la liberté commande au contraire que les pouvoirs soient réduits au minimum et que ce qui en reste soit diffusé le plus largement possible.

De son côté, la réglementation des marchés conduit généralement à des résultats inverses de ceux qui sont recherchés. Si l'on stabilise les prix, l'on déstabilise l'emploi; si l'on veut empêcher les profits de s'expatrier, du même coup on ferme la porte aux capitaux extérieurs; fixe-t-on d'autorité des prix plus bas que ceux du marché, on incite au gaspillage et on crée des raretés; fixe-t-on des prix plus élevés, on génère des excédents invendables.

Mais alors pour quelles raisons les gouvernements s'acharnent-ils à tout régenter? Par prétention d'abord : il y a partout des hommes qui, insatisfaits de certains résultats du marché — prix trop élevés ou salaires insuffisants — croient dur comme fer que l'État est toujours en mesure de résoudre les difficultés sans effort; que si une chose souhaitable n'est pas faite, comme la transformation sur place des produits de l'amiante, c'est qu'il existe une machination quelque part qu'il suffira de dénoncer; que si le Québec affiche une économie stagnante, c'est que le gouvernement fédéral a exploité et siphonné les ressources du Québec. Rappelez-vous le débat du printemps dernier sur les comptes économiques. Paul Valéry a bien raison quand il écrit : « Aucune nation n'aime à considérer ses malheurs comme ses enfants légitimes ».

À ces interventions de l'État on peut fournir aussi deux autres objectifs, raisonnables ceux-là, mais qui exigeraient des solutions différentes. Le premier objectif est celui d'aider les pauvres et les défavorisés comme aussi les institutions les plus faibles. J'aborderai cette question dans un instant. Le second objectif, particulier aux Québécois, concerne le contrôle étranger des entreprises. La réponse à ce problème sérieux et grave ne tient pas dans la nationalisation, elle tient à un effort soutenu des Québécois pour acquérir l'expérience de l'entreprise, petite et grosse, et paradoxalement pour acquérir l'orgueil de laisser une œuvre plutôt que de l'argent. En tout état de cause, si pour reprendre le contrôle des entreprises, on nous disait qu'il fallait faire une révolution à la cubaine, je dirais merci quant à moi. Le remède est pire que le mal.

Si les raisons invoquées pour restreindre nos libertés ne sont pas justifiées alors même que l'État étend sans cesse son influence sur nos vies, il faut réagir sans ambiguïté et réaffirmer aujourd'hui ce que disait naguère d'Argenson : « Pour gouverner mieux, il faut gouverner moins ».

Le progrès social

Pour fondamentales qu'elles soient, les valeurs de la liberté ne sont pas les seules qu'il faille promouvoir. On nous accuserait alors de défendre la liberté de l'argent et du succès matériel ou de retourner à une époque révolue de l'histoire. Rien ne serait plus faux. Car le deuxième jalon que je propose à notre réflexion est le progrès social.

Dans toute communauté, il y a toujours eu et il y aura toujours des défavorisés, des gens démunis et impuissants devant la complexité du système social; il s'en trouvera toujours qui n'ont pas eu leur chance ou qui l'ayant eue ne l'ont pas saisie à temps. D'autres sont des victimes de la maladie, des accidents, du chômage ou simplement de leur âge ou de leurs charges familiales. Enfin un bon nombre subiront des injustices criantes par cruauté, malveillance ou discrimination. Une société civilisée ne peut manquer de faire appel à la solidarité de tous pour aider ceux qui sont dans le besoin. Et comme l'ère de la générosité individuelle est dépassée, il faut reconnaître que l'État a maintenant la responsabilité de veiller sur ceux à qui son appui et son attention sont indispensables.

Compte tenu de cet objectif légitime de sécurité, il est d'abord proposé que le Parti libéral du Québec soutienne et favorise l'idée d'un régime unique de prestations sociales propre à satisfaire aux besoins minimum de chacun, quelles que soient les circonstances. Je suis persuadé quant à moi qu'un tel régime, si l'accès en est strictement limité à ceux qui en ont besoin, coûterait moins cher à la collectivité que la somme des innombrables programmes sociaux actuels dont plusieurs, comme on sait, sont de caractère universel et s'adressent aux riches tout autant qu'aux pauvres.

Ensuite, il faudra à tout prix restaurer l'incitation au travail, car le progrès ne consiste pas à nous transformer tous en un peuple d'assistés sociaux, mais au contraire à redonner à chacun une pleine autonomie de moyens, à faire de chacun des citoyens autonomes et responsables. À ceux qui sont dans un état de dépendance chronique, il convient moins de verser aveuglément les allocations prévues par la loi que de leur venir véritablement en aide pour qu'ils réintègrent les circuits d'activité.

Enfin, l'État a l'obligation de s'attaquer aux privilèges et de réprimer la discrimination. Si une telle volonté de réforme s'affirmait au Québec, l'État n'aurait plus de raison véritable de dérégler les mécanismes du marché et de brimer l'effort, l'initiative et le dynamisme des gens.

La démocratie

Parmi les grandes options du Parti libéral du Québec, on doit faire figurer un troisième ensemble de valeurs, soit celui de la démocratie. La participation du citoyen aux décisions politiques est vitale, mais l'évolution de nos institutions a rendu cette participation de plus en plus difficile, et plus apparente que réelle. À l'origine de cette évolution, on trouve la complexité même des rapports sociaux qui s'est considérablement accentuée. À cela nous ne pouvons rien; mais on trouve aussi une centralisation très marquée des décisions qui, elle, est un phénomène réversible. Cette centralisation a eu pour effet de « fonctionnariser » des professions entières, notamment dans l'enseignement et la santé. Et comme un des électeurs de mon comté me le disait cette semaine : « les professeurs ne sont plus des professeurs, ils sont des fonctionnaires »; « les infirmières ne soignent plus, elles sont des fonctionnaires ». Quoiqu'on puisse sourire à l'exagération, la formule contient une bonne part de vérité. La centralisation amène le gonflement de la fonction publique. On estime que le nombre d'employés de l'État au Québec aujourd'hui est d'environ 500 000 si l'on inclut l'enseignement et la santé, soit près du quart de la population active totale. Et ce chiffre, notons-le bien, ne comprend pas les fonctionnaires fédéraux des autres provinces qui administrent aussi des lois s'appliquant au Québec.

Mais le nombre de fonctionnaires n'est pas l'aspect le plus important du phénomène. Les règles de fonctionnement de la fonction publique sont telles qu'il est impossible d'échapper à l'uniformisation, à l'effacement des situations particulières, aux codifications aussi impitoyables qu'aveugles. C'est qu'une bureaucratie ne peut faire autre chose que d'interpréter des textes de loi ou des règlements d'application. Un cas n'est jamais étudié au mérite; invariablement, on se demande à quelle catégorie du règlement le cas appartient. S'il n'est pas conforme il est rejeté comme un corps étranger. C'est en ce sens que la bureaucratie « déshumanise ». Le fonctionnaire n'aurait pas de nom que personne ne s'en soucierait, mais le citoyen de l'autre côté du comptoir n'est pas davantage identifié. Pourquoi le serait-il? Son nom, son histoire, sa personnalité n'ont aucune importance. On accèdera, ou non, à sa requête lorsque celle-ci répondra, ou non, aux exigences du sous-paragraphe (2) du paragraphe 35 de l'article 70 d'un règlement — d'un règlement d'ailleurs que vous êtes censé connaître, mais dont il n'existe pas de copie à l'intention des usagers.

Nous avons dit précédemment que nous refusions de devenir un peuple d'assistés sociaux; nous refusons aussi de devenir des administrés anonymes, à la merci d'un fonctionnaire également sans nom. Alain Peyrefitte écrivait récemment : « La société est mise en normes alors qu'il faudrait la mettre en marche ». Voilà une raison supplémentaire pour restreindre le rôle de l'État, mais en outre, nous devrons trouver les moyens de décentraliser l'administration publique. Nous n'avons pas le choix. Nous devrons rapprocher les centres de décision des citoyens. Mais qu'on ne s'y trompe pas. L'opération n'a pas pour objet de doter les instances régionales ou locales de plus de pouvoirs sans leur imposer simultanément des obligations correspondantes. Tout pouvoir implique des responsabilités. La pire faute que nous ayons commise collectivement a justement été de violer ce principe élémentaire des finances publiques, à savoir que celui ayant le pouvoir de dépenser ait non seulement le droit mais l'obligation de taxer pour financer les dépenses qu'il autorise. Il n'y a pas de spectacle plus désolant que celui de groupes de citoyens, d'associations et même de corps constitués qui quêtent leur pitance auprès des gouvernements supérieurs ou encore qui réclament ou offrent déjà des services mais qu'ils réussissent à faire payer par les autres. C'est ça l'irresponsabilité. Un autre scénario tout aussi navrant est en gros celui des municipalités du Québec à qui on a soutiré les responsabilités faute de leur donner les champs de taxation qui leur auraient permis de s'en acquitter. Par suite les municipalités aussi sont devenues souvent des syndicats de revendication sinon de récrimination à l'endroit du gouvernement du Québec.

J'avouerai candidement que je n'ai pas à l'esprit des solutions toutes faites pour renverser les forces de centralisation qui existent. Je ne sais pas quels sont les moyens ou les modalités qui devront être choisis, mais j'ai la conviction inébranlable qu'il faut travailler de toute urgence à réanimer les gouvernements locaux, à leur confier à nouveau et des sources de financement et des pouvoirs appropriés.

L'unité canadienne

Le quatrième et dernier objectif du Parti libéral du Québec est l'unité canadienne.

Nous voulons d'abord affirmer sans arrière-pensée, sans ambiguïté, que les Québécois sont aussi des Canadiens et qu'ils entendent le demeurer. Le patrimoine que nous ont légué nos ancêtres n'est pas confiné aux frontières de cette province. Toute notre histoire, qu'elle date d'avant ou d'après 1760, est tissée à la grandeur du pays. Nous avons découvert ce pays, nous l'avons exploré d'un océan à l'autre, nous avons exploité ses ressources, nous l'avons habité, nous y avons fondé nos familles. Aujourd'hui plus que jamais nos échanges commerciaux, financiers, humains, avec les autres provinces du Canada sont à ce point lourds que même les péquistes, mise à part une petite minorité d'irréductibles, n'envisagent pas de les sacrifier. Notre propre sécurité tiendra demain à notre accès aux ressources alimentaires, énergétiques et minérales du reste du pays. Oui, nous avons des intérêts économiques à rester Canadiens.

Ce ne sont pas les seuls : nous avons aussi des intérêts politiques d'un ordre très élevé à sauvegarder. En effet par comparaison avec le régime fédéral actuel, la souveraineté politique n'offre aucune garantie que les inévitables conflits avec nos voisins ne se règlent dans la paix et dans l'honneur. Et quelle suffisance ou quelle naïveté n'est-il pas nécessaire d'afficher pour exclure à tout jamais l'éventualité de ruineuses rivalités.

Un régime fédéral aide à désamorcer ces rivalités par l'harmonisation des politiques, par la compensation, de nature monétaire ou autre, en général par l'arbitrage.

En second lieu, nous voudrons sans doute recommander l'adoption d'une nouvelle constitution canadienne. Cette constitution, à mon avis, serait de nature fédérale; elle autoriserait une plus grande décentralisation des pouvoirs, mais certains d'entre eux mériteraient d'être redéfinis pour tenir compte des interdépendances qui existent aujourd'hui, mais qui n'existaient pas au siècle dernier. Autrement dit, ce qui pouvait être d'intérêt local autrefois ne le sera pas nécessairement au cours du prochain siècle. En sens inverse, il paraît plus difficile que naguère de morceler et de diviser les politiques sociales ou culturelles et les politiques d'aménagement.

Mais surtout, cette constitution reconnaîtra de façon plus explicite l'égalité de statut des deux langues officielles et des deux communautés, francophone et anglophone, au Canada. Cette égalité de statut admettra la diversité des situations d'une province à l'autre, favorisera une présence plus adéquate des francophones dans l'entreprise et assurera la primauté du français au Québec tout en respectant de façon scrupuleuse les droits et libertés individuels des personnes et notamment des minorités.

Enfin cette nouvelle constitution sera soumise pour approbation à l'ensemble de la population et sera sujette à un vote majoritaire dans chacune des provinces du Canada.

Nous voulons donc un pays qui s'appelle le Canada, mais ce pays sera différent de celui que nous avons aujourd'hui et surtout il sera choisi librement et volontairement par la population.

* * *

Telles sont donc les grandes orientations qui vous sont proposées, les grands objectifs à poursuivre : liberté, progrès social, démocratie, fédéralisme. Certains voudront absolument classer ce panier de provisions dans les catégories qui leur sont familières de la droite ou de la gauche. Ce sera un exercice futile et trompeur. Si nous disons d'un côté qu'il n'y a pas de progrès social sans progrès économique, en revanche nous disons aussi que la réforme sociale est toujours nécessaire et qu'elle vise au mieux-être des classes les plus défavorisées de la population.

Quoi qu'il en soit, nous sommes ici dans une arène politique et on jugera nos ambitions par comparaison avec celles de nos adversaires. Sur ce terrain, je suis sûr de la victoire. Qu'est-ce donc que le Parti québécois propose à la population?

- Il propose de tenir le gouvernement fédéral pour un gouvernement étranger, voué à notre perte. Nous, nous disons que ce gouvernement nous appartient et que nous sommes partie à ses décisions.

- Le PQ propose une souveraineté politique dont personne ne veut au Québec et une association dont personne ne veut ailleurs. Nous, nous voulons amender la constitution, la modifier au besoin, mais sans nous plonger dans l'aventure.

- Le PQ veut mettre les citoyens au service de la collectivité. Nous, nous voulons que les institutions sociales soient au service des citoyens.

- Le PQ est obsédé par le rapatriement des pouvoirs. Nous, nous sommes obsédés par les services à la population.

Dans les domaines économiques et sociaux :
- Le PQ veut des entreprises d'État. Nous, nous voulons des entreprises privées.

- Le PQ donne la priorité aux revenus, souvent pour le petit nombre. Nous, nous réclamons des emplois pour tous les travailleurs.

- Le PQ veut instaurer une société bureaucratique et centralisée. Nous, nous voulons une société pluraliste et décentralisée.

- Le PQ se nourrit de l'impuissance de notre passé et nous ramène à la Nouvelle-France. Nous, nous voulons une société tournée vers l'avenir.

- Le PQ bâtit une société repliée sur elle-même. Nous, nous voulons rester ouverts et accueillants pour les autres.

- Le PQ est le parti du pessimisme et de la méfiance, pour qui les Québécois sont aliénés, assimilés, incapables d'agir. Nous, nous sommes confiants que les hommes et les femmes d'ici peuvent maîtriser leur destin, qu'ils sont compétents, autonomes, responsables et fiers.

La communauté anglophone et le Québec des libertés

HARVEY W. YAROSKY

HARVEY W. YAROSKY
Avocat. Professeur de droit criminel à l'Université McGill.
A été professeur aux universités de Montréal et d'Ottawa.
Avocat conseil spécial à la Commission d'enquête sur
l'exercice de la liberté syndicale. Vice-président de la section
nationale de justice criminelle au sein de l'Association du
Barreau canadien. A présidé plusieurs comités d'études
sur la justice criminelle.

Étant le seul anglophone de ce panel, je me permets de parler pendant quelques minutes du rôle que les minorités anglophones pourraient et devraient jouer dans le Québec de l'avenir, dans le « Québec des libertés ».

Je crois qu'il est exact de dire que jusqu'à tout récemment les anglophones se sentaient bien en sécurité au Québec et malgré le fait que nous étions minoritaires, nous manifestions des attitudes et une mentalité qui n'étaient pas vraiment la mentalité d'une minorité. Nous nous sentions très en sécurité, nous détenions beaucoup de pouvoir économique et, même sur le plan politique, nous exercions une certaine influence sur les événements du Québec. Tout d'un coup, tout cela a changé. D'une journée à l'autre, les minorités ont perdu toute leur influence politique au Québec. Nous n'avions pas, le 16 novembre, de voies de communications avec le gouvernement. Nous nous trouvions en face d'un livre blanc et d'un projet de loi qui non seulement menaçaient profondément nos institutions, non seulement étaient très coercitifs et restrictifs mais qui, au départ, définissaient le Québécois sur une base qui nous excluait complètement du groupe.

Pour la première fois ici, la minorité anglophone s'est rendu compte qu'elle constitue vraiment une minorité et une minorité menacée. Il est évident que les récents événements nous ont donné un choc assez traumatisant; nous sommes obligés de faire face au fait que nous sommes vraiment une minorité au Québec, avec toutes les conséquences et toutes les insécurités qu'une telle situation comporte. Il y a en a beaucoup qui ont été pris de panique, il y en a qui ont déjà quitté le Québec, il y en a beaucoup d'autres qui attendent le déroulement des événements mais qui ne sont pas du tout certains si oui ou non ils vont rester au Québec. Par contre, il y a ceux qui, comme moi et comme le comité d'Action positive, ont affirmé que nous sommes des Québécois et comme tous les Québécois sommes des Canadiens et allons demeurer ici.

Nous resterons ici et ferons les adaptations nécessaires afin de participer à la création d'un nouveau Québec. Nous allons participer pleinement avec nos concitoyens francophones à construire « le Québec des libertés ». Je suis convaincu que la majorité des anglophones est prête à suivre une direction et un leadership de ce genre, du genre de celui du docteur Goldbloom, qui depuis des années nous dit que le Québec est une province française et que nous devons faire les adaptations qui s'imposent. Mais le nouveau Québec qu'il faut construire doit être un Québec ouvert, pluraliste, multiculturel et multidimensionnel, et non un Québec dirigiste, étatique, refermé et replié sur lui-même.

Je dois dire qu'après avoir entendu le discours de M. Pierre Lemieux, je me demandais si vraiment en suivant la voie qu'il nous indique, nous pourrions construire le Québec qu'il faut construire. En l'écoutant, je me demandais vraiment si j'assistais à un congrès du Parti libéral ou si j'assistais plutôt à un congrès du Parti conservateur, créditiste ou de l'Union nationale.

M. Lemieux s'est servi du mot « libéral » dans le vieux sens qui veut dire « conservateur » ou « laisser-faire ». Vous m'avez invité ici et je vais vous dire ce que je pense. En lisant votre projet de manifeste, je me demandais si ce manifeste ne reflétait pas un peu trop les préoccupations et la philosophie de monsieur Lemieux. Je me demande si le manifeste parle assez de justice sociale. Je suis d'accord pour éviter un gouvernement trop étatique, trop dirigiste, trop autoritaire et interventionniste mais il faut aussi éviter un gouvernement qui n'est pas assez soucieux des problèmes des défavorisés et des problèmes sociaux de notre province.

Si on avait suivi l'exemple et la direction de monsieur Lemieux dans les années soixante, est-ce que nous aurions au Québec aujourd'hui un programme d'assurance-maladie dont nous sommes tellement fiers et est-ce que nous aurions d'autres programmes semblables à ceux que nous avons et dont nous sommes fiers. Je ne le pense pas. Je suis d'avis que ce n'est pas par un retour au passé que le Parti libéral doit reprendre le pouvoir, sûrement pas par un retour au XIXe siècle. Si vous voulez retourner en arrière, je vous invite à retourner à un passé récent, et je parle des années soixante. Je parle des années de la Révolution tranquille. Je parle de l'esprit dynamique et progressiste qui animait le parti à cette époque. Comme Québécois, je compte voir la création d'une société vraiment ouverte et progressiste. Je crois que vous devrez comprendre un peu la frustration, le traumatisme et la réaction de la communauté anglophone. Par contre, vous pourrez compter sur notre entière collaboration dans la création d'un Québec ouvert et pluraliste, « le Québec des libertés ».

L'État, le gouvernement et l'économie

ROBERT LACROIX

ROBERT LACROIX
Directeur du département des sciences économiques de
l'Université de Montréal. Détient un doctorat en économie de
l'Université de Louvain. A dirigé plusieurs projets de
recherche. Conférencier invité à de nombreux congrès
scientifiques tenus partout dans le monde. Auteur de
plusieurs ouvrages, il collabore à de nombreuses revues
scientifiques canadiennes et étrangères.

L'un des sujets les plus discutés de nos jours, autant par les économistes, les hommes politiques, les éditorialistes que par M. Tout-le-monde, c'est l'omniprésence de l'État dans toutes les sphères de l'activité économique et sociale. On se pose des questions; on remet en cause le bien-fondé de la croissance et de la taille relative des secteurs public et parapublic; on se demande même si cette croissance rapide n'est pas l'explication des problèmes économiques sérieux que nous vivons maintenant. Les périodes de crise (et avec les taux de chômage que nous subissons, le terme n'est pas trop fort) ont toujours été des moments privilégiés pour remettre en cause le bien-fondé des orientations passées. Ces périodes sont également propices aux prises de position extrêmes qui ne sont pas nécessairement bonnes.

Dans ce qui suit, sous le thème général du régime économique, nous allons discuter principalement du rôle de l'État et des gouvernements dans une économie où la propriété privée, le marché et la libre entreprise, bien que réglementés, jouissent d'une certaine autonomie.

Le rôle de l'État dans une économie de marché

D'un point de vue normatif, je ne pense pas que l'économiste puisse spécifier de façon précise et définitive le rôle que l'État devrait avoir dans l'économie. Sous certaines hypothèses, l'économie la plus centralisée pourrait conduire aux mêmes résultats que l'économie la plus décentralisée. D'ailleurs, les économistes classiques qui préconisaient de limiter au strict minimum le rôle de l'État dans l'activité économique, le faisaient selon une approche positive. Ils avaient constaté que, pour diverses raisons, l'efficacité de l'État dans l'accomplissement de certaines fonctions était fort réduite. Situation compréhensible à une époque où les techniques modernes de gestion n'existaient pas et où la cueillette, le stockage et le traitement rapide de l'information étaient impensables. Toute tentative de centralisation était alors vouée à l'échec parce que « techniquement » impossible.

À mon avis, il n'y a pas de « vérité absolue » concernant le meilleur régime économique comme il n'y a pas de « vérité absolue » quant au rôle de l'État dans l'économie. Pour ne pas être stérile, le débat doit être situé à un autre niveau.

Dans un grand nombre de pays de même qu'au Québec, il y a, me semble-t-il, un certain consensus social autant sur le régime économique que sur le rôle de l'État. Le régime économique ayant l'assentiment de la population en est un où la propriété privée, l'économie de marché et la liberté d'entreprise jouent un rôle important. Quant à l'État, on lui demande, en plus de fournir les biens et les services à caractère vraiment public tel le service de police, la défense nationale, etc, de veiller, par une réglementation appropriée, au fonctionnement le plus efficace possible du genre d'économie de marché et de libre entreprise qui est le nôtre, de garantir l'égalité des chances au départ pour tous les individus, d'assurer une croissance stable de l'économie et d'effectuer une certaine redistribution du revenu. Jusqu'à preuve du contraire, il me semble qu'il y a au Québec un consensus sur ce rôle de l'État. Comme économiste, je dois accepter ce fait et je ne peux pas démontrer qu'une situation meilleure résulterait d'une modification dans le rôle de l'État. Ce qui n'implique pas, cependant, que l'économiste n'ait rien à dire sur les moyens choisis par les gouvernements pour atteindre les objectifs précités et de façon générale sur l'efficacité avec laquelle les gouvernements ont tenu leur rôle.

L'inefficacité des gouvernements

Sous prétexte de satisfaire les demandes de la population, les gouvernements de la plupart des pays industrialisés et particulièrement ceux du Canada et du Québec ont accru de façon considérable la taille relative des secteurs public et parapublic dans les économies. Depuis la Deuxième Guerre mondiale, au Canada comme au Québec, la taille relative de ces secteurs a plus que doublé et s'élève maintenant à quelque 40% du PNB. Pourquoi alors ce mécontentement de la population? Pourquoi ces demandes de plus en plus pressantes pour que l'on freine la croissance des dépenses publiques et même pour que l'on réduise l'importance des secteurs public et parapublic? Serait-ce que le consensus social qui semblait exister sur les grands objectifs antérieurement énumérés aurait disparu? Veut-on retourner au libéralisme du XIXe siècle? Je pense que la réponse à ces deux dernières questions est négative. Il y a encore consensus sur les objectifs, mais cependant un sérieux mécontentement de la population parce que les gouvernements ont mal rempli leur tâche. Ils ont été tellement inefficaces qu'ils ont, sans le vouloir, considérablement affaibli le système de marché et de libre entreprise. En fait, on pense de plus en plus que les gouvernements auraient mieux rempli leur rôle en s'impliquant moins qu'ils ne l'ont fait dans toutes les sphères de l'activité économique et sociale.

Ouvrons donc au hasard le « dossier noir » des activités gouvernementales; nous y trouverons facilement quelques illustrations d'inefficacité engendrant le mécontentement des citoyens.

Parce que nos gouvernements ont été incapables d'imaginer et d'appliquer des politiques adéquates de croissance et de stabilisation de l'économie canadienne, les taux de chômage au Canada furent régulièrement considérés comme inacceptables pour tout ce qui n'était pas ministère des Finances et Banque centrale. Pour atténuer les conséquences de cette inefficacité, on bonifia de plus en plus le système d'allocations de chômage, ce qui en fait maintenant une industrie où le salaire est très concurrentiel surtout si l'on tient compte du travail exigé! Un système d'assurance-chômage aussi généreux, devait évidemment conduire à des abus en réduisant considérablement l'incitation au travail principalement chez les travailleurs secondaires que sont les jeunes et une certaine proportion de la population féminine. Les gouvernements, toutefois, ne lisent pas la situation de la même façon. Pour eux, il est vrai que les taux de chômage sont de plus en plus élevés, mais cela a beaucoup moins d'importance qu'autrefois puisque la grande majorité des chômeurs ne sont pas des chefs de famille et que de toute façon l'allocation de chômage évite la misère. Conséquemment les gouvernements sentent moins de pression pour élaborer et appliquer des politiques efficaces de croissance et de stabilisation. Pendant ce temps, les jeunes perdent le goût du travail et n'acquièrent pas une expérience au travail, indispensable à la croissance de la productivité. De leur côté, les entreprises se plaignent de plus en plus de l'instabilité de la main-d'oeuvre et des pressions constantes sur les salaires. Enfin, pour paraphraser notre ministre des Finances, la population en a plein son casque parce qu'elle a l'impression de faire vivre grassement des chômeurs heureux. Que signifie le mécontentement de la population? Qu'elle est contre un système d'allocation-chômage? pas du tout! Mais la population n'a pas demandé au gouvernement d'imaginer le système d'assurance-chômage le plus généreux et le moins incitatif au travail qui soit, mais plutôt de réduire au minimum le taux de chômage et d'assurer un niveau de vie décent à ceux qui sont vraiment à la recherche d'un emploi.

Prenons un autre cas, encore plus évident à mon avis. Il s'agit de la politique salariale des gouvernements, et le Québec n'est pas sans reproche à cet égard. Suite à la croissance du secteur public d'une part, à la centralisation et à la prise en charge par les gouvernements de tout ce que l'on est convenu d'appeler le secteur parapublic d'autre part, les gouvernements sont devenus comme groupe les employeurs dominants sur le marché du travail. Ces mêmes gouvernements, malgré la syndicalisation croissante de leurs employés, n'ont jamais songé à élaborer une politique salariale qui tiendrait compte des interrelations entre les secteurs privé et public résultant du fait que ces deux secteurs transigent sur le même marché du travail. Cette erreur a eu et surtout risque d'avoir des conséquences considérables sur l'efficacité avec laquelle les gouvernements pourront stabiliser l'économie et sur la position concurrentielle du secteur privé de l'économie canadienne.

À cause des largesses salariales de l'ensemble des gouvernements, le gouvernement fédéral s'est cru obligé d'établir des contrôles de prix et de salaire. L'établissement des contrôles s'explique en grande partie par les augmentations excessives accordées aux secteurs public et parapublic l'année précédant les contrôles et la crainte que la situation ne se répète à nouveau à brève échéance puisque la durée moyenne des conventions collectives dans ces secteurs fut réduite à 15 mois. D'ailleurs, une étude récente que je viens de terminer sur l'efficacité du contrôle des salaires révèle que suite à l'établissement des contrôles, la baisse du taux d'augmentation des salaires a été considérablement plus forte dans les secteurs public et parapublic que dans le secteur privé, ce qui nous indique bien où était le mal. En fait, on constate que le gouvernement fédéral s'est senti obligé de restreindre la liberté de négociation parce que tous les gouvernements avaient été irresponsables dans leurs concessions salariales. Évidemment, ce laxisme des gouvernements au niveau salarial ne fut pas sans occasionner des problèmes sérieux au secteur privé de l'économie dont les travailleurs acceptaient difficilement la détérioration de leur position relative. Deux possibilités se présentaient alors aux entrepreneurs du secteur privé : ou bien ils cédaient à la pression des syndicats qui réclamaient des augmentations similaires à celles des secteurs public et parapublic et ce faisant se plaçaient en position concurrentielle défavorable, ou bien ils résistaient et alors ils devaient subir des conflits de travail. Par contre, pouvait-on s'attendre à ce que les syndiqués du secteur privé qui n'ont généralement pas la permanence effective d'emploi et les bénéfices marginaux considérables des employés du secteur public, acceptent, en plus, de voir leur salaire relatif se détériorer ? Malgré tout, la poussée des salaires dans le secteur privé et principalement dans l'industrie manufacturière n'a pas connu l'ampleur de celle du secteur public.

Ainsi par leur politique salariale ou plutôt par l'absence d'une politique salariale, les gouvernements nuisaient à leurs objectifs de croissance et de stabilisation de l'économie. Pour s'en sortir, les contrôles des prix et des salaires parurent être la solution. Solution bien temporaire comme on commence déjà à s'en rendre compte. En croissant, les gouvernements sont devenus de gros employeurs. Il n'y a pas en soi de mal à cela, sauf que si les gouvernements ne démontrent pas qu'ils peuvent être des employeurs responsables, la population aura raison de mettre en doute l'intérêt d'une croissance du secteur public et de la centralisation du secteur parapublic.

Que dire maintenant des diverses politiques de soutien des prix, de contrôle des loyers, de réglementation de tout genre. Dans plusieurs cas, ces politiques vont à l'encontre des principes les plus fondamentaux de la science économique. Le cas du contrôle des loyers est trop bien connu pour qu'on y revienne. Permettez-moi, cependant, de vous raconter une anecdote concernant la réglementation. Écoutant une interview d'un ministre dans le cadre de l'émission « Consommateurs avertis », la question cruciale fut posée : « Que ferez-vous des compagnies de finance »? La réponse fut immédiate : « Il faudrait les faire disparaître ». Je suis convaincu que la majorité des auditeurs était prête à applaudir à cette réponse. Enfin, on se débarrasserait des compagnies de finance.

Pourtant, cela aurait été et ce sera, si la politique vient à prendre forme, une très mauvaise décision. Il faut réglementer les compagnies transigeant sur un marché de prêts où les risques sont très élevés, mais il ne faut pas les faire disparaître. Ce n'est pas en faisant disparaître l'offre que la demande pour de tels prêts disparaîtra. Si vous faites disparaître un type d'offreurs qui agit selon les lois établies, l'offreur clandestin c'est-à-dire le « shylock » prendra la relève. La CECO nous a suffisamment documentés sur ce fait pour que nous comprenions que tout le monde serait perdant au change.

Voilà comment on peut, en étant de bonne foi, faire plus de tort que de bien en faisant fi des principes élémentaires de l'économie.

L'État producteur

Généralement, dans un régime de propriété privée et de libre entreprise, il n'est pas opportun que l'État agisse comme producteur de biens et de services. La raison en est bien simple : l'État est un partenaire bien particulier qui devient souvent indésirable lorsqu'il se transforme en producteur dans une économie de propriété privée et de libre entreprise. Le gouvernement n'établit pas seulement les règles du jeu économique mais peut aussi les modifier en tout temps par une législation appropriée. Tant que le gouvernement n'est dans ce domaine que législateur et régulateur, on accepte ce rôle de l'État. Toutefois, si l'État par gouvernement interposé est non seulement législateur mais est aussi affecté en tant que producteur par la législation ou la réglementation, on peut mettre en doute le caractère objectif des décisions. En définitive, quel joueur de cartes accepterait de jouer avec un partenaire qui non seulement établirait les règles du jeu mais pourrait aussi les modifier à tout moment de la partie? C'est, à mon avis, une des raisons faisant que les entreprises privées fuient les secteurs où l'État devient producteur. Mais il y en a d'autres.

Le gouvernement, à cause de la gamme des objectifs qu'il doit atteindre, se place généralement en position délicate pour ne pas dire intenable lorsqu'il fait de l'État un État producteur de biens et de services dans une économie de libre entreprise. En effet, le gouvernement devant assurer une certaine redistribution des revenus, les syndicats pourront exiger de l'État producteur qu'il ait une politique salariale conforme à son objectif de redistribution. Confondant les fonctions de l'État, on risque de confondre aussi les moyens, ce qui bien sûr aurait des conséquences considérables sur les concurrents privés de l'État producteur. En effet, ils devraient, sous la pression des travailleurs et des syndicats, assurer la parité des salaires à leurs employés sans toutefois avoir le privilège de taxer pour financer l'éventuel déficit. Dans ces conditions, on comprendra que l'État producteur puisse devenir un partenaire indésirable.

S'il est producteur, le gouvernement peut faire face à un conflit entre son objectif de stabilisation de l'économie et celui d'une gestion efficace des entreprises d'État. En effet, l'État producteur peut-il, comme cela se fait pour ses partenaires du secteur privé, mettre à pied temporairement une partie de sa main-d'œuvre parce que la demande a diminué? On dira immédiatement que le gouvernement crée du chômage alors qu'il a pour fonction de le réduire. Si le gouvernement confond les rôles, et il pourrait être forcé de le faire, il devient pratiquement impossible de juger de l'efficacité de la gestion des entreprises publiques. Tous les abus deviennent alors possibles et ils seront camouflés derrière le rôle « social » des entreprises publiques.

Je crois que l'on touche là le cœur du problème. Dans un régime économique de propriété privée et de libre entreprise et dans un État démocratique, le gouvernement, à mon avis, s'affaiblit en augmentant sa taille relative. Ce phénomène peut paraître paradoxal à l'ère du gigantisme, mais lorsqu'on y réfléchit un peu, on se rend vite à l'évidence. Plus les gouvernements s'impliquent de façon directe dans toutes les sphères de l'activité économique et sociale, plus le risque de conflits entre son rôle de législateur et de régulateur et les autres rôles qu'ils se donnent s'accroît.

Les gouvernements perdent alors leur rôle d'arbitre, leur crédibilité est rapidement affectée et leur légitimité est régulièrement mise en cause. Le Québec a vécu ce genre de situation au cours des dix dernières années.

*　*　*

En choisissant des moyens inappropriés pour assurer une croissance stable de l'économie, pour garantir l'égalité des chances aux individus et pour effecteur une certaine redistribution des revenus, les divers gouvernements du Canada ont miné les bases mêmes du régime économique dans lequel nous vivons. Ce n'était sûrement pas dans leur mandat et il est fort probable qu'ils l'ont fait inconsciemment.

Tout en évitant les prises de position dogmatiques, je pense qu'il est grandement temps qu'on réévalue, non seulement les diverses politiques gouvernementales, mais aussi l'ensemble du système de réglementation de l'État.

Notes sur la décentralisation

VINCENT LEMIEUX

VINCENT LEMIEUX
Politicologue. Professeur à la faculté de sciences sociales de
l'Université Laval depuis 1960. Doctorat en sciences
politiques de l'Université de Paris. A été directeur du département de sciences politiques et directeur du programme
de maîtrise en analyse des politiques gouvernementales
à l'Université Laval. Président régional de Québec de l'Institut
d'administration publique du Canada. Auteur de plusieurs
livres, M. Lemieux collabore à de nombreuses revues
spécialisées.

1.   Il est plus facile de définir la centralisation que la décentralisation. Il semble plus facile aussi de pratiquer la centralisation que la décentralisation.

2.   Il y a centralisation ou concentration quand la responsabilité et l'autorité touchant certaines activités sont centralisées ou concentrées dans un centre de décision. C'est par exemple le cas pour ce qui est du déclenchement des élections provinciales. Seul le lieutenant-gouverneur en conseil, c'est-à-dire le conseil des ministres, a la responsabilité et l'autorité de décider de cette activité.

3.   Dans certains domaines d'activités l'autorité est déconcentrée. Par exemple le ministère des Terres et Forêts a des administrateurs régionaux, disposant d'un budget, qui ont le pouvoir de décider de certaines actions régionales sans qu'il soit nécessaire de recevoir au préalable l'autorisation de Québec. Mais le ministère garde la responsabilité de justifier publiquement ces actions s'il le faut. L'autorité est déconcentrée, mais pas la responsabilité.

4.   La décentralisation est plus que la déconcentration. Non seulement le centre se départit d'une certaine autorité mais il se départit aussi de la responsabilité. Ainsi ce sont les municipalités qui ont l'autorité et la responsabilité d'enlever les ordures ménagères. Si on néglige de le faire dans votre rue, un de ces jours, c'est la municipalité et non le gouvernement provincial qui doit justifier cette inaction.

5.   Toutefois l'autorité supérieure qui a décentralisé garde généralement un pouvoir de surveillance qui peut l'amener au besoin à recentraliser l'autorité et la responsabilité. Une municipalité ou un hôpital qui s'acquitte mal de la responsabilité et de l'autorité décentralisées entre ses mains peut être mis en tutelle.

6.   On voit que la déconcentration a un caractère administratif alors que la décentralisation a un caractère davantage politique. Un organisme décentralisé est généralement dirigé par des personnes élues et il arrive aussi qu'il ait des pouvoirs de taxation.*

7.   Au Québec, actuellement, il y a trois grands réseaux d'organismes décentralisés : le réseau des municipalités, le réseau des commissions scolaires et le réseau des affaires sociales, comprenant des centres hospitaliers, des centres d'accueil, des centres de services sociaux, des centres locaux de services communautaires, avec en plus des conseils régionaux de la santé et des services sociaux.

8.   Ce sont sans doute les municipalités qui jouissent de la décentralisation la plus poussée, étant donné la variété des activités dont elles s'occupent (elles sont multi-fonctionnelles, comme on dit parfois), étant donné aussi que leurs dirigeants sont élus et que la plus grande partie de leurs revenus viennent des taxes qu'elles prélèvent. Toutefois plusieurs observateurs s'inquiètent de la perte d'autonomie des municipalités, suite à la multiplication des subventions venant des gouvernements supérieurs.

9.   Les commissions scolaires sont dirigées elles aussi par des élus mais les taxes qu'elles prélèvent font une partie moins importante de leurs revenus. De plus elles ne s'occupent que de l'enseignement à la différence des municipalités qui ont, elles, plusieurs fonctions.

---

* On parle ausi de décentralisation fonctionnelle à propos des régies, offices, sociétés d'État. Il n'en sera pas question ici.

10.   Les organismes du réseau des affaires sociales sont eux aussi, depuis la loi 65, dirigés par des élus (mais qui ne le sont pas au vote universel); toutefois ils ne lèvent pas d'impôts et ils ont des fonctions plutôt spécialisées, comme les commissions scolaires.

11.   Dans le domaine scolaire comme dans celui des affaires sociales, le ministère s'est réservé des pouvoirs considérables sous le prétexte de la normalisation. Parce que l'argent vient, dans sa totalité ou dans sa plus grande partie, du ministère, celui-ci a tendance à imposer des normes rigides selon lesquelles doivent être faites les dépenses. Il contrôle ainsi à peu près toutes les actions importantes de ces organismes.

12.   Auparavant, le réseau de l'enseignement et des affaires sociales était beaucoup plus décentralisé. De façon plus générale, le gouvernement du Québec centralisait entre ses mains moins d'autorité et moins de responsabilité qu'aujourd'hui.

13.   Puis il y a eu la Révolution tranquille, avec une confiance sans doute excessive mise dans l'État, qu'on nommait avec optimisme l'État-levier. Toute une dynamique de l'État a fait qu'une augmentation des budgets et des effectifs requis pour s'occuper de nouveaux champs d'activité a entraîné une nouvelle augmentation des budgets et des effectifs. Cela fait évidemment l'affaire de ceux qui dirigent le gouvernement et ses administrations : en même temps que leur pouvoir, augmente leur sentiment d'être indispensables à la bonne marche de la société. La centralisation fait surtout l'affaire des gouvernants, alors que la décentralisation fait surtout l'affaire des gouvernés.

14.   Mais la croissance a des limites. Au Québec, les effectifs et les budgets n'augmentent plus beaucoup, surtout quand on les mesure en jours de travail et en dollars constants. Tous les partis se mettent alors à insister sur la décentralisation. On fait comme si ce qu'on ne peut plus développer au centre devait être développé dans les instances décentralisées. La centralisation a maintenant tous les défauts, et la décentralisation toutes les qualités.

15.　　Voici quelques-uns des défauts de la centralisation : elle surcharge les décideurs du centre et ralentit le processus de décision; elle entraîne souvent une mauvaise perception des besoins des publics; elle décourage les leaders ou encore les fonctionnaires éloignés du centre; plus généralement, elle conduit à l'irresponsabilité de ceux qui sont tenus éloignés du centre de décision.

16.　　La centralisation a aussi des qualités, que l'on a beaucoup chantées au moment de la réforme de l'éducation et des affaires sociales en particulier : une plus grande équité des services, grâce à l'accessibilité offerte à tous et à la normalisation; une plus grande cohérence dans l'action gouvernementale; des économies d'échelle, c'est-à-dire la réduction des coûts. Mais d'une part ces objectifs n'ont été que partiellement atteints, et d'autre part leur poursuite a entraîné les défauts qui viennent d'être signalés. D'où le bilan plus négatif que positif qui est fait actuellement.

17.　　La décentralisation apparaît alors comme le moyen de renverser la situation. D'autant plus que la conjoncture actuelle n'est plus propice à la centralisation. Tout en sauvegardant les acquis de la centralisation, surtout pour ce qui est de l'accessibilité et de l'équité des services, la décentralisation permettrait de redonner au centre sa vocation de planification, d'arbitrage et d'ajustement aux circonstances. Elle donnerait aux organismes décentralisés plus de responsabilités, plus de leadership, plus de moyens de susciter la participation et de répondre adéquatement aux besoins exprimés. Des territoires vers le centre viendraient plus d'*inputs* valables.

18.　　Mais que faut-il décentraliser, et entre les mains de qui? Il y a au moins trois solutions auxquelles on peut penser : la décentralisation par secteurs, la constitution d'une espèce de gouvernement régional, et ce que j'appellerais la décentralisation expérimentale ou graduelle.

19.　　Le ministère de l'Éducation se prépare depuis quelques années à décentraliser l'administration du niveau élémentaire et secondaire de l'enseignement public. Le ministère des Affaires sociales vient de décentraliser entre les mains des Conseils régionaux les activités reliées aux CLSC, aux soins psychiatriques et aux mésadaptés sociaux. On pourrait poursuivre ainsi, en ajoutant d'autres secteurs d'activités : la culture, le loisir, le tourisme, etc. De plus les municipalités ou les conseils de comté pourraient être chargés de nouvelles activités dans le domaine de l'aménagement du territoire et du développement régional. Ce serait la décentralisation parallèle, ou par secteurs.

20.   Si elle était un peu poussée, cette forme de décentralisation ne manquerait pas d'entraîner certains problèmes de coordination et de financement. Les compétences dans le secteur de l'éducation et dans celui de la culture pourraient se dédoubler. Même chose pour le loisir et la culture, la santé et l'éducation, etc. Et si une véritable décentralisation suppose des dirigeants élus et des champs propres de taxation, les citoyens du Québec n'en finiront plus de voter et de payer différents comptes de taxes.

21.   C'est pourquoi certains pensent plutôt à une espèce de gouvernement régional, où les conseils de comté actuels ou élargis formeraient avec les villes importantes et les communautés urbaines actuelles ou modifiées un palier intermédiaire de gouvernement entre Québec et les municipalités. Des activités qui relèvent actuellement de différents ministères (Éducation, Affaires sociales, etc.) seraient décentralisées entre les mains de ces gouvernements intermédiaires qui auraient d'importants pouvoirs de taxation et entre lesquels il faudrait appliquer un quelconque système de péréquation.

22.   Cette forme de décentralisation entraînerait des changements considérables dans les ministères, dans la fiscalité, dans le découpage territorial, dans les modes d'élection, etc. Elle susciterait sans doute de fortes oppositions de la part des centrales syndicales qui ont intérêt à la centralisation, de la part des députés de l'Assemblée nationale dont le pouvoir s'effriterait encore plus avec l'existence de gouvernements régionaux. On peut aussi se demander si les citoyens du Québec aspirent à une telle réforme.

23.   De façon plus pragmatique, on peut penser à une décentralisation modeste entre les mains des conseils de comté ou des villes importantes (Sherbrooke, Trois-Rivières, Chicoutimi, etc.). Les citoyens et leurs gouvernants feraient l'apprentissage de la décentralisation à propos de quelques activités qui intéressent le plus grand nombre : utilisation des équipements collectifs, aménagement du territoire. Les activités prioritaires pourraient d'ailleurs varier d'une région à l'autre et les activités décentralisées pourraient être augmentées après les premières réussites.

24.   Cette forme de décentralisation dite « expérimentale » et « graduelle » n'a pas les attraits théoriques de la forme précédente, mais elle n'en a pas non plus les inconvénients pratiques. Elle se distingue aussi de la décentralisation parallèle en ce qu'elle ne crée pas de nouveaux organismes. Elle mise sur les municipalités et les conseils de comté, qui sont avec nous depuis longtemps et qui demeurent malgré tout, sinon une école de démocratie, au moins un lieu où les gouvernants sont plus accessibles et plus transparents que dans les centres de décisions trop éloignés de leurs publics.

Les conditions essentielles pour une nouvelle communauté politique canadienne

CLAUDE E. FORGET

CLAUDE E. FORGET
Avocat. Diplômé en sciences économiques et finances publiques du London School of Economics and Political Science. Ex-ministre des Affaires sociales du Québec. A été professeur au département de sciences économiques à l'Université de Montréal, secrétaire et président de la Ligue des Droits de l'Homme et sous-ministre au ministère des Affaires sociales. Député libéral de Saint-Laurent à l'Assemblée nationale depuis octobre 1973.

Vous souvenez-vous de la question « *What does Quebec want* » (Qu'est-ce que le Québec veut)? Nous, du Québec, nous connaissions bien la réponse. Cette question, si souvent posée par les autres, elle était devenue pour nous un objet de ridicule ou d'impatience. Nous tenions là la preuve de l'ignorance, voire de la mauvaise foi entretenue par les « Anglais » à notre égard.

Nous avons d'ailleurs raison de croire que le Canada anglais ne nous avait pas compris ou, du moins, qu'il ne nous avait jamais acceptés tels que nous sommes. Pourtant, à cette époque pas tellement lointaine, nous, du Québec, nous étions sans équivoque des Canadiens - n'y avait-il pas seulement deux groupes au Canada à cette époque : les Anglais et puis nous-mêmes, c'est-à-dire les Canadiens français, les seuls vrais Canadiens selon nous. Nous étions fiers de l'être car le régime fédéral, quoique fondé en partie sur l'incompréhension et l'ignorance d'une partie de nos aspirations, n'était pas un désastre total. D'un certain point de vue, c'était même pour nous un éclatant succès. Nous étions les citoyens d'un pays qui avait conquis sur la scène mondiale une position enviable et dont nous étions fiers. Nous jouissions d'une prospérité qui semblait hors d'atteinte pour la plupart des autres peuples. Nous vivions comme des hommes libres, sous des institutions démocratiques. En tout cas, les défauts qui demeuraient, c'était par la faute des Anglais et, nous disions-nous, à force de ténacité on finirait bien par en venir à bout !

Ce qui était vrai il y a vingt ou trente ans demeure vrai encore aujourd'hui pour la plupart d'entre nous. Mais depuis dix ans, et en particulier depuis le début de sa marche étape par étape vers l'indépendance, le Parti québécois a décidé que ce sont les Québécois qui ne savent pas s'y retrouver. D'ici dix-huit mois, il faudra dépenser $20 millions et une quantité incroyable d'efforts pour répondre à la fameuse question « *What does Quebec want?* ». C'est comme si on voulait faire la preuve que « les Anglais », pendant toutes ces années, avaient eu raison de ne pas nous comprendre. C'est comme si on donnait raison, après coup, au Canada anglais de n'avoir pas voulu reconnaître nos aspirations comme collectivité francophone à une vie à l'échelle de tout le Canada et pas seulement au Québec. Tout cela, pourquoi? Parce que nous aurions négligé de tirer nos intentions au clair.

Le Québec doit abandonner son chantage sécessionniste

Qu'est-il arrivé? Pourquoi le doute a-t-il remplacé la certitude qu'on avait de savoir qui nous étions et ce que nous voulions? Au début des années 60, quelques bombes ont éclaté au Québec et ces bombes ont démontré combien la peur rend attentif. Voyant cela, certains hommes politiques ont pensé utiliser cette peur pour faire avancer la cause du Québec. Et faut-il s'en étonner, pour faire avancer leur propre cause. Au terrorisme des bombes a succédé le terrorisme verbal de la sécession. On s'est dit : on va faire peur aux Anglais par la menace d'une séparation. La surenchère s'est effectuée rapidement du « statut particulier» aux « deux nations », à « l'égalité ou l'indépendance » et finalement à la « souveraineté-association ». Mais, à tout moment, il fallait rassurer le peuple du Québec pour ne pas perdre son appui, car la cible visée c'était le Canada anglais que l'on voulait secouer plutôt que le peuple du Québec, qu'il ne fallait pas effrayer car ce peuple, malgré tout, n'avait pas, lui, changé d'idée.

S'il est toujours vrai que la peur rend attentif, l'expérience des dix dernières années démontre aussi qu'elle coupe les jambes. La stratégie du chantage sécessionniste n'a pas été inventée le 15 novembre 1976. Elle dure depuis dix ans. Tous les déblocages majeurs de l'après-guerre, les transferts fiscaux, la péréquation, le régime de rente du Québec et la possibilité du retrait du Québec des programmes fédéraux lui sont antérieurs. La peur que d'autres modifications du régime fédéral ne servent à rien ou même précipitent la fin de la communauté politique canadienne a réduit à néant les possibilités de progrès. Les dernières dix années sont des années perdues car la peur du désastre a figé tous les acteurs dans la position qu'ils avaient. Devant la menace de sécession le Canada anglais est devenu certes de plus en plus attentif, mais aussi de plus en plus immobile.

Soyons sans illusion sur le rôle de nos leaders politiques : ils ne commandent pas aux événements, ils sont le plus souvent l'ins-

84

trument du destin; la popularité indéniable de René Lévesque vient entre autres de ce que beaucoup de Québécois ont cru reconnaître en lui leur propre flirt sécessionniste, cette ruse que l'on veut exploiter sans oser aller jusqu'au bout. Pour le Canada, Pierre Trudeau a été l'homme du refus; l'homme du refus au Québec de la part du reste du Canada, non pas parce qu'il s'agit du Québec, mais parce qu'il est normal de se raidir contre le chantage. Il a été aussi pour les Québécois la garantie que la ruse n'irait pas trop loin. À la place de ces deux hommes d'autres auraient joué ces rôles que les circonstances exigeaient, peut-être avec moins de brio, mais avec le même résultat.

À la peur est en train de succéder l'incrédulité; l'incrédulité envers le Québec. Les sondages sont suffisants pour démontrer que depuis dix ans les sécessionnistes inconditionnels ne sont jamais plus de un sur dix Québécois. Il devient clair que la menace que nous brandissons nous ne voulons pas la mettre à exécution. Au raidissement provoqué par la peur succède la confusion. Nous nous trouvons dans une période où personne ne sait plus trop bien ce que signifie le Canada, ce qui est essentiel et ce qui est secondaire ni même s'il vaut la peine de se poser la question. Le défi que doit relever le Québec ne consiste pas, à l'heure actuelle, à formuler ses aspirations ou ses exigences. La question à laquelle nous devons répondre n'est pas de savoir si oui ou non le reste du Canada est disposé à accepter une nouvelle formule constitutionnelle pour satisfaire les griefs du Québec.

Notre défi comme Québécois - et en particulier comme fédéralistes et comme libéraux - consiste à *dire à quels objectifs doivent s'attacher les Canadiens.* Les recettes constitutionnelles doivent céder le pas à une affirmation claire d'objectifs politiques communs pour tous les Canadiens.

Ces objectifs doivent, bien sûr, être aussi nos objectifs à nous comme Québécois mais ils ne doivent pas être seulement cela. Le reste du Canada doit pouvoir se reconnaître lui aussi dans notre projet d'avenir. Le Canada anglais n'est pas intéressé à prendre la mesure de notre cupidité ni à savoir jusqu'à quel point nous chérissons la prospérité que peut nous procurer la communauté économique canadienne. Le Canada anglais est terriblement intéressé à apprendre quel genre de société nous voulons édifier avec lui.

La fédération de 1867 était dans une large mesure le résultat d'un dessein impérial — peut-être la dernière intervention décisive de la Grande-Bretagne en Amérique du Nord. Édifions cent dix ans plus tard une communauté politique basée sur notre propre vision de l'avenir. Parce que le Québec, par ses ruses, par son ambiguïté, a semé le doute dans tous les esprits, parce que le Québec a semé la confusion quant à l'avenir du Canada, il nous appartient, par l'affirmation claire et positive d'un *crédo politique*, de faire le premier pas, de poser le premier geste pour établir au Canada une nouvelle communauté politique. Le contenu de cette profession de foi est important, mais ce qui est plus important encore c'est le fait pour des Québécois de poser cette affirmation. Nous ne sommes pas sur le point de rédiger une nouvelle constitution et les recettes constitutionnelles sont prématurées pour le moment. Nous n'y arriverons jamais à moins que tous les intéressés soient convaincus que l'effort en vaut la peine, qu'il existe des buts communs à tous les Canadiens que ceux-ci peuvent poursuivre ensemble.

Il ne s'agit pas de savoir si d'autres que nous veulent bien accéder à nos demandes mais plutôt si nous pouvons, ensemble, nous mettre d'accord sur un projet commun. Dans ce projet commun, il y a plus que les aspirations traditionnelles du Québec, il y a aussi des aspirations communes aux deux communautés linguistiques et grâce auxquelles ces deux groupes peuvent dépasser leur égoïsme respectif.

Les éléments essentiels d'une nouvelle communauté politique canadienne

Le crédo politique que je vous propose comporte seulement les trois éléments suivants :

1) *l'intégrité territoriale et politique du Canada :* un seul pays d'un océan à l'autre, des institutions politiques communes, une même citoyenneté et une présence unique (quoique diversifiée) sur la scène internationale; la signification émotive de ce principe -

surtout en dehors du Québec - est telle qu'on peut difficilement en exagérer l'importance, quel que soit le contexte;

2) *des garanties pour les libertés individuelles* assurées par la suprématie des lois sur les hommes, la division des pouvoirs, le contrôle judiciaire sur l'arbitraire des lois et des politiques et des institutions politiques représentatives. Par définition un régime fédéral offre des garanties supérieures à celles de tout autre régime politique. Les Québécois ont souvent démontré qu'ils en comprennent bien l'importance;

3) *l'autonomie la plus complète des communautés linguistiques et régionales* sur les institutions communautaires que constituent les services et les organismes éducatifs, culturels, professionnels, sanitaires, sociaux, judiciaires et municipaux, dans leur connotation la plus large.

Ces trois éléments constituent la totalité des objectifs de base d'une nouvelle communauté politique canadienne. À mon avis, des éléments économiques n'en font pas nécessairement partie car les questions économiques opposent les Canadiens les uns aux autres tout autant qu'elles les rapprochent : la concentration géographique de l'activité économique et la redistribution de la richesse ainsi produite posent des défis sérieux pour n'importe quelle société. À condition de pouvoir surmonter ces défis, les diverses régions qui composent le Canada chercheront normalement à maintenir leur union économique. Mais c'est en souscrivant à des objectifs de liberté, de justice et de démocratie que ces conditions peuvent être réunies : la communauté économique canadienne n'est pas viable en dehors d'une communauté politique. L'association économique souhaitée par les indépendantistes n'est qu'un mirage ou, plus exactement, qu'un jeu de mots par lequel on cherche à nous faire considérer comme identiques un client et un associé.

L'affirmation de ces principes par le Québec et le Canada doit s'inscrire dans un programme d'action dont elle constitue le premier élément. Ensuite, il faut une initiative du Parti libéral du Québec pour promouvoir au Québec et ailleurs ce crédo politique. Il faut que les Québécois qui, au moment du référendum, opteront pour le fédéralisme, comprennent qu'ils optent pour ces principes et pour rien d'autre. Il faut que le futur leader permanent du Parti libéral du Québec obtienne le ralliement des autres groupes fédéralistes à ces principes, et enfin qu'il obtienne, dès avant le référendum, l'engagement de certains hommes politiques non québécois à ces principes ainsi qu'à l'élément additionnel qui suit.

Le moyen privilégié : une constituante

Il faut éviter de tomber dans les ornières du passé, dans ces conflits interminables et stériles entre Ottawa et les provinces, où les hommes politiques se comportent comme des vendeurs de tapis dans un bazar oriental. Il faut que les parlementaires fédéraux et provinciaux, réunis pour chaque province en un collège électoral unique, choisissent en leur sein les membres d'une assemblée constituante parmi tous les partis et dans la proportion de un pour dix députés; qu'ils désignent également un nombre égal de non-parlementaires pour faire partie de cette constituante à laquelle, sous réserve des principes déjà énoncés, seraient délégués tous les pouvoirs d'élaborer une nouvelle constitution, qui serait éventuellement soumise à un référendum national.

Pour le Québec, le choix qui se pose ne se situe pas entre « l'égalité ou l'indépendance ». Il y a, d'une part, l'inégalité de fait que nous imposent l'histoire, la démographie et la géographie - cette inégalité, on peut la rendre irrémédiable par une indépendance qui, derrière des symboles séduisants, mais trompeurs, livre le Québec au monde de chiens et de loups des relations internationales où la force fait la loi. D'autre part, il y a la même inégalité dans les faits, mais atténuée et corrigée par des institutions politiques communes - dans les limites de la faible nature humaine et en invoquant des principes de justice qui ont un sens seulement à cause de cette communauté politique. À nous de donner à ces principes de justice, de liberté et d'autonomie tout le relief nécessaire.

Le rattachement du Québec à l'entité canadienne

RAYMOND GARNEAU

RAYMOND GARNEAU
Économiste. Diplômé des universités Laval et de Genève, Suisse. A été professeur d'économie à l'Université Laval et professeur d'histoire du travail et de géographie économique à l'Institut technologique de Lauzon. Ex-ministre des Finances et président du Conseil du Trésor dans le gouvernement Bourassa. Député de Jean Talon à l'Assemblée nationale depuis 1970.

« *Le nationalisme politique, c'est*
le mal à l'état pur, il n'y a pas un
seul argument qui puisse le
défendre. » *(Bertrand Russell)*

Quinze minutes, c'est bien peu pour aborder un sujet aussi vaste que la question constitutionnelle canadienne. D'un autre côté, il s'est dit tellement de choses qu'il est difficile d'en inventer de nouvelles.

De toutes façons l'objet de mon propos n'est pas de concevoir des scénarios ou d'échafauder des hypothèses qui, intellectuellement, pourraient être attrayantes mais n'auraient pas de lien avec la réalité. Je pense que la réalité canadienne dans son évolution est trop sérieuse pour qu'un parti politique fasse à son sujet des exercices de futurologie.

À moins de force majeure ou encore que l'on ait un goût inné pour le suicide, la structure politique d'un pays ne peut pas faire l'objet d'un changement brusque et total du soir au matin, changement qui ferait en sorte que l'incertain et l'hypothétique serviraient d'assise au devenir des travailleurs et de leurs familles. La prudence la plus élémentaire milite en faveur d'une évolution raisonnée.

C'est la deuxième fois en dix ans que nous, libéraux, sommes appelés à reconfirmer notre choix en faveur du fédéralisme canadien. Rappelez-vous notre congrès de 1967, au Château Frontenac de Québec, où M. René Lévesque, alors membre de notre parti, avait essayé de faire adopter sa thèse de la souveraineté-association. Les libéraux du Québec, dès ce moment, ont dit non à l'indépendance et ont renouvelé leur choix en faveur du fédéralisme canadien.

Pourquoi un régime politique de type fédéral?

Le choix du fédéralisme n'est pas le résultat d'un entêtement ou d'une crainte du changement. Au contraire, il s'agit d'une décision éclairée et réfléchie parce qu'il constitue la structure politique qui sied le mieux à un pays comme le nôtre.

Le Canada est vaste par l'étendue de son territoire mais aussi par la pluralité et la diversité des gens qui l'habitent. Ce sont ces exigences géographiques, linguistiques et culturelles qui ont amené les Canadiens, tant francophones qu'anglophones, à choisir une structure politique de type fédéral.

C'est sous un régime fédéral que le Canada a grandi, qu'il s'est peuplé, qu'il a affirmé sa personnalité propre face à l'Angleterre, à la France et aux États-Unis. Comme Québécois le choix du fédéralisme est logique. C'est grâce à un régime fédéral que nous avons pu bâtir ici au Québec une société francophone dont le niveau et la qualité de vie sont comparables, sinon supérieurs, à ceux des grandes nations du monde.

Quand on y réfléchit objectivement, pour nous, Québécois, le fédéralisme n'a été ni étouffant ni oppresseur. Au contraire, comme le souligne le manifeste de ce congrès, il a été une force de liberté et de progrès. La langue et la culture françaises n'ont jamais été aussi florissantes qu'elles le sont depuis une quinzaine d'années. Les arts et les lettres ont conquis leurs titres de noblesse dans toute la francophonie mondiale. Les Québécois vivant en régime fédéral ont eu l'entière liberté de parler leur langue, de pratiquer leur religion et de développer toutes les initiatives économiques et commerciales qu'ils ont voulu.

Ce n'est pas la première fois dans l'histoire du Québec qu'un groupe d'ultra-nationalistes propose la brisure de notre lien historique avec le Canada. Chaque fois le scénario fut le même. On chauffe à blanc le sentiment nationaliste des francophones, on clame à grands cris que la langue et la culture sont en danger, on part en guerre contre Ottawa, on monte en épingle différentes facettes des problèmes de notre vie collective et on conclut que la seule solution est l'indépendance.

Le choix canadien

Chaque fois les Canadiens français vivant au Québec ont rejeté cette thèse. Chaque fois ce sont des esprits libéraux qui ont rallié la majorité des Québécois en soutenant que c'est à l'intérieur du fédéralisme canadien que les chances de progrès tant culturel qu'économique sont les plus grandes pour les francophones. Chaque fois ce choix s'est avéré avantageux pour nous Québécois.

Aujourd'hui plus qu'autrefois, le fédéralisme canadien s'impose comme choix essentiel. Les développements technologiques, les facilités de communication et les échanges commerciaux ont acquis une telle importance que choisir l'indépendance maintenant serait aller à l'encontre de l'histoire.

Au strict plan économique, le fédéralisme canadien a constitué pour nous du Québec un avantage important. Qu'on pense, par exemple, à notre industrie textile qui, bien qu'en difficulté, bénéficie, à cause des contingentements et des droits de douane, d'une protection qui lui permet de conserver au moins une partie du marché de l'ensemble du Canada. Alors que le Parti québécois demande au gouvernement fédéral d'étendre les contingentements et de protéger le marché canadien à l'avantage des industries québécoises, le gouvernement péquiste propose en même temps de séparer le Québec du reste du Canada. Quelle contradiction! Au chapitre de l'énergie, quelle sécurité aurions-nous si nous n'avions pas accès, comme citoyens canadiens vivant au Québec, aux richesses pétrolières et gazières de l'Ouest canadien. Dois-je en plus ajouter les avantages considérables que signifie pour nous la péréquation de la richesse et la stabilité qu'elle nous apporte.

Dans le débat qui s'engage, le Parti libéral du Québec doit, une fois de plus et avec conviction, relever le défi de l'unité canadienne. Il y va de l'avenir et du progrès du fait français au Québec et au Canada.

Cette option en faveur du fédéralisme, nous ne devons pas, pour quelque motif électoraliste passager que ce soit, la diluer en nous laissant tenter par des compromis dangereux et opportunistes.

Il n'y a pas de troisième voie

Le danger qui nous guette, comme libéraux et comme Québécois, c'est de nous laisser emporter par un noble désir de compromis qui malheureusement ne pourrait que donner naissance à une structure politique hybride, sans autorité, sans pouvoir, où l'organisation du dialogue et du développement culturel, économique et social serait soumise à un chantage perpétuel et à un nationalisme politique dangereux.

• Il peut y avoir *différentes formes de fédéralisme*

• Il peut y avoir une *indépendance avec ou sans Marché Commun*

Mais c'est fondamentalement entre ces deux grandes options, fédéraliste d'un côté, indépendantiste de l'autre, que les Québécois devront faire leur choix lors du référendum.

Je soutiens qu'entre le fédéralisme canadien et l'indépendance, il n'y a pas de troisième voie qui soit acceptable et opérationnelle pour le Québec.

Le débat a assez duré, les thèses sont connues, il est temps de préciser où les gens se logent. Pour moi, le Parti libéral du Québec et ses membres doivent être carrément identifiés au maintien du Québec à l'intérieur du Canada et cela dans un régime de type fédéral.

Quel type de fédéralisme?

Le fédéralisme, c'est d'abord une union d'hommes et de femmes qui décident de former ensemble un pays, mais c'est aussi une association de gouvernements qui se partagent le champ des juridictions propres à un État souverain.

Il va de soi que pour nous, Québécois, le fédéralisme canadien doit fournir *aux provinces une autonomie complète dans les domaines de leurs juridictions propres*. Il va de soi aussi que ce fédéralisme doit être décentralisé en laissant aux provinces les champs fiscaux conformes aux exigences de leurs responsabilités constitutionnelles. Mon choix n'est pas le statu quo mais un fédéralisme renouvelé.

Toutefois, notre fédéralisme doit aussi être tel qu'il permette l'existence d'un gouvernement canadien suffisamment fort pour :

- assurer la coordination et la marche de l'économie, contrôler la monnaie et le commerce international;

- effectuer la redistribution de la richesse et assurer l'égalité des chances des citoyens de toutes les régions du pays;

- et surtout rallier véritablement tous les citoyens au sein de la nation canadienne.

Notre nationalité canadienne doit incarner l'idéal commun qui réunit les hommes et les femmes de ce pays non parce qu'ils parlent la même langue, appartiennent à une même race, mais parce qu'ils se proclament les adeptes d'un même idéal. Pour tout le Canada et nous-mêmes du Québec, cet idéal doit être celui de la liberté des individus et de l'égalité des chances pour tous les citoyens.

Le fédéralisme, par le biais des institutions nationales canadiennes, doit donc traduire d'abord cet idéal commun. Pour ce faire, nos institutions nationales devront refléter correctement l'existence au Canada de deux langues et de deux cultures. Cela veut dire, entre autres, que le bilinguisme de nos institutions nationales ne devra plus être un compromis, mais devra s'inscrire dans la réalité des faits.

La constitution devra également contenir une Charte des droits et des libertés de la personne qui sera au-dessus des mesures législatives et administratives que le Parlement canadien ou les législatures provinciales pourraient vouloir initier. La Cour suprême formera le tribunal constitutionnel et sera l'arbitre des litiges. Sa composition devra refléter la dualité linguistique canadienne et la nomination des juges à ce tribunal devra être faite après consultation avec les provinces.

Let us bring back and remodel our constitution. By the same token, let us make sure that the Canada we want reflects the desire of the majority of Canadians in each province or region.

Before having a constitution that reflects first a division of powers between federal and provincial governments, let us make sure that the law of the land reflects the union of the people. We shall reach this goal if the Senate, the Supreme Court, the federal ministries and the large Crown corporations, all of which have been created to serve all the Canadian people, constitute a fair deal for both French and English Canadians.

My profound belief is that in the process of repatriation we will have to include in the law of the land the fundamental rights of every citizen in Canada.

Le fédéralisme de demain devra également préciser la répartition des pouvoirs entre le parlement fédéral et les législatures des provinces. La constitution de notre pays, une fois rapatriée, devra contenir une formule d'amendement du type de celle qui avait été négociée à la conférence de Victoria.

Notre constitution devra aussi prévoir un mécanisme permanent de révision constitutionnelle et c'est à travers ce mécanisme de révision constitutionnelle que les pouvoirs résiduaires devront être attribués.

La constitution canadienne devra contenir en outre des prescriptions limitant le pouvoir de dépenser des deux ordres de gouvernements aux seuls domaines qui leur sont dévolus par la loi fondamentale du pays. Enfin, notre fédéralisme canadien devra reconnaître au pouvoir central, comme l'une de ses responsabilités, la redistribution de la richesse à travers le pays afin d'assurer l'égalité des chances de tous les citoyens. Cela pourrait se faire par la reconnaissance du principe de la péréquation des revenus au bénéfice des provinces les moins bien nanties.

Le référendum : un débat politique

Voilà, tracé à grands traits, l'essentiel de ce qui pourrait être notre orientation politique dans le domaine du rattachement du Québec à l'entité canadienne. Ayant fait notre choix en faveur du Canada et ayant déterminé le type de fédéralisme que nous souhaitons, nous ne devons pas pour autant oublier que l'affrontement idéologique important qui s'annonce ne sera pas un débat d'ordre constitutionnel, ce sera un débat politique.

Comme tout débat politique, il prendra la forme d'une discussion non pas sur les détails, mais sur les grandes données du problème, à savoir les avantages ou les désavantages du fédéralisme d'une part et de l'indépendance d'autre part. Dans cette lutte référendaire le conseil de direction du Parti libéral du Québec a décidé de mettre sur pied une commission ad hoc pour organiser l'action de notre parti à ce chapitre. Le Parti libéral et le Québec tout entier doivent se féliciter qu'un homme de la trempe de M. Jean Lesage ait accepté de présider cette commission. Par son expérience, par ses vastes connaissances et surtout par son attachement profond au Québec et au Canada, nous ne pouvons que conclure que c'est un géant politique qui entre dans l'arène pour combattre activement à nos côtés.

La stratégie péquiste

Parlant de la lutte sur le référendum, il est difficile de ne pas faire allusion à la stratégie péquiste qui consiste de toute évidence à faire croire à la population que l'indépendance est une chose presque acquise et que ce qui compte maintenant, c'est d'essayer de vendre l'idée de l'association. Quelle tromperie ! Comment peut-on parler d'association sans d'abord avoir reçu un mandat clair et précis de faire l'indépendance. Deuxièmement, comment parler d'association alors que les partenaires à qui elle s'adresse ont déjà donné une fin de non-recevoir.

Quoi qu'il en soit, M. René Lévesque a compris depuis longtemps que les Québécois ne veulent pas se séparer du reste du Canada. C'est pourquoi il tente de camoufler ses véritables couleurs en parlant d'association et maintenant de confédération. Certes il est passé maître dans la magie du verbe !

N'est-il pas surprenant qu'après dix ans d'existence, le PQ n'ait pas encore fait son lit quant au contenu véritable de sa thèse politique. Sans avoir reçu le mandat de faire l'indépendance, le gouvernement péquiste est à préparer, à même les fonds publics, les tenants et les aboutissants d'une hypothétique association.

À ce chapitre, je me demande si les intentions du PQ ne sont pas de répéter une de leurs tactiques favorites, soit celle d'inonder à la dernière minute l'électorat québécois avec une montagne de chiffres pour tenter de prouver le sérieux de son option et lui donner un air de crédibilité. Je ne peux m'empêcher de penser, par exemple, à la brique du Budget de l'An 1 qu'on avait déposée sur mon bureau à quelques semaines de l'élection de 1973 et qui précédait de quelques jours le débat télévisé sur le même sujet.

La brique sur l'association économique, comme celle du Budget de l'An 1, ne sera que pure spéculation comme sera une pure spéculation le scénario qui semble vouloir se dessiner autour des mots « véritable confédération ». Tous savent que les véritables confédérations, il n'en existe plus nulle part. Il faut remonter au moyen âge en Allemagne pour trouver cette forme de gouvernement où il n'y a pas de parlement élu, mais tout simplement la constitution d'une diète dont la règle de décision est forcément l'unanimité. Le PQ veut-il nous ramener au moyen âge?

Mon analyse de la stratégie péquiste m'amène à conclure que ce parti est passé maître dans l'art du camouflage. Il ne faudra donc pas nous laisser prendre dans les méandres de la rédaction détaillée d'une nouvelle constitution canadienne.

Ce qu'il nous faut, c'est réaffirmer au cours de ce congrès les principes de base de notre orientation vers un fédéralisme canadien renouvelé et ensuite consacrer le meilleur de nos énergies à convaincre les Québécois de dire non au référendum.

*   *   *

C'est une constatation facilement vérifiable que de dire que les gens admettent difficilement leurs erreurs.

Sous ce chapitre, les Québécois francophones ne font pas exception à la règle. Il faut reconnaître que nous avons souvent tendance à vouloir faire porter le poids de tous nos malheurs sur le dos des autres. Cependant, un examen de conscience sérieux nous permet de faire le partage des responsabilités. Tout en défendant âprement les intérêts du Québec tout entier et des francophones en particulier, nous devons éviter de nous attarder à des débats stériles pour consacrer toutes nos énergies à bâtir un Québec fort qui rayonnera à travers tout le Canada. C'est là le sens de nos responsabilités comme Québécois, c'est en même temps le sens de notre engagement envers le Canada.

Pour les Canadiens français de 1867, la fédération canadienne constituait une victoire impressionnante. Elle assurait la pérennité de leurs institutions, de leur langue et de leur culture. Elle leur permettait en même temps de partager les avantages du défi canadien. Le fait est que le Québec français existe et qu'il a progressé sans cesse dans le régime fédéral.

Pour nous, Québécois francophones de 1977 placés à la même croisée de chemins, nous devons, dans des conditions différentes et encore plus exigeantes, refaire le même choix. Je dirais que ce choix s'impose encore plus aujourd'hui que dans le passé et cela est dû aux grands développements technologiques et surtout à l'interdépendance qui existe à un degré beaucoup plus prononcé que ce n'était le cas en 1867.

Nous devons avoir suffisamment confiance en nos capacités, en notre initiative, pour accepter de faire face à la concurrence. L'établissement de barrières politiques autour du Québec serait une entreprise beaucoup plus factice que réelle et elle engendrerait un isolement qui risquerait de nous être fatal.

Le projet que les libéraux proposent au Québec est exigeant et il nécessite du courage et de la détermination. Personnellement, j'ai la conviction que les Québécois, francophones comme anglophones, ont suffisamment confiance en eux pour accepter le défi de construire leur entreprise à l'échelle d'un continent.

La « troisième voie » constitutionnelle : jalons et perspectives

CLAUDE RYAN

CLAUDE RYAN
Éditorialiste, directeur gérant du journal *Le Devoir* et de
l'Imprimerie Populaire Ltée. A été secrétaire national
de l'Action catholique canadienne, président du Comité d'é-
tude sur l'éducation des adultes au ministère de
l'Éducation du Québec, membre du Conseil d'administration
de la Presse canadienne. A reçu plusieurs prix en jour-
nalisme, notamment le prix de l'éditorial du National
Newspaper Award, le prix du National Press Club et le prix
Quill du Windsor Press Club. A été nommé au Canadian
News Hall of Fame en 1968.

Le congrès d'orientation du Parti libéral du Québec renoue heureusement avec un mouvement de réforme constitutionnelle qui fut très actif entre 1960 et 1967 mais qui avait paru s'estomper à la suite de la défaite électorale du PLQ en 1966, du départ de René Lévesque au lendemain de la visite du général de Gaulle à l'été de 1967 et de l'avènement de Pierre Elliott-Trudeau à Ottawa en 1968.

Jusque-là, on avait discuté ouvertement au sein du PLQ des changements constitutionnels qui semblaient nécessaires. Mais après la défaite de 1966, ce fut comme si l'initiative et le leadership en ces matières étaient passés aux mains des libéraux fédéraux dont le leader actuel, Pierre Elliott-Trudeau, était aussi un réformiste en matière constitutionnelle, mais un réformiste à sa manière, laquelle ne faisait pas toujours une place particulièrement bienveillante aux façons de voir du Québec. En fait, après l'avènement de M. Trudeau au pouvoir, on a continué à parler de réforme constitutionnelle au pays. Mais les thèmes mis de l'avant n'étaient plus ceux de Québec. Ils étaient ceux d'Ottawa. Et cela explique le faible intérêt suscité au Québec par les questions constitutionnelles entre 1968 et l'arrivée au pouvoir du Parti québécois le 15 novembre dernier.

L'élection du 15 novembre aura eu à cet égard un mérite incontestable. Elle aura fait voir que les demandes de changement qui se faisaient entendre dès les années soixante n'étaient pas uniquement de la camelote d'intellectuels et de journalistes en quête de jeux de blocs juridiques ou de technocrates et de politiciens en mal de pouvoirs accrus, mais l'expression de désirs qui rejoignaient dès cette époque ce qu'il y a de plus authentique et de plus profond dans l'âme québécoise, à savoir un rêve de survie et d'affirmation qui était d'ailleurs là bien avant l'Acte constitutionnel de 1867.

Les indications des sondages

Ainsi que l'indiquent les sondages les plus récents, il se trouve encore au moins un Québécois sur cinq qui ne croit pas à la nécessité de changements constitutionnels importants même après l'accession au pouvoir du PQ. Tandis qu'en contrepartie, quatre Québécois sur cinq sont maintenant favorables à des changements substantiels.

À première vue, deux Québécois sur trois favorisent pour l'avenir une solution de type fédéral. Si l'on s'en reporte en effet au dernier sondage du réseau français de Radio-Canada, 42% favorisent un fédéralisme renouvelé, tandis que 19% favorisent plutôt le maintien du régime fédéral actuel : cela fait ensemble 61%. De l'autre côté, seulement 11% des personnes interrogées sont carrément pour l'indépendance pure et simple du Québec, tandis que 18% favorisent la souveraineté-association, ce qui fait de ce côté un total de 29%. Cela donne le rapport de deux contre un en faveur du fédéralisme qu'ont fait ressortir de nombreux sondages.

Mais ce serait courir de graves risques que de se fier à cette interprétation des sondages. Pour être assuré de la signification que l'on aimerait prêter à ces résultats, il faudrait savoir avec précision ce que représentaient dans l'esprit de chaque répondant des expressions comme « fédéralisme renouvelé » ou « souveraineté-association » ou même « maintien du régime actuel ». Or, les sondeurs ne proposaient sous chaque terme aucune définition précise. Et il se peut fort bien que la différence soit beaucoup moins nette dans l'esprit de plusieurs entre « fédéralisme renouvelé » et « souveraineté-association » que ne seraient enclins à le penser des esprits habitués à des définitions rigoureuses. En prenant les réponses obtenues par le sondage récent de Radio-Canada, on pourrait tout aussi bien dire en additionnant les réponses favorables à la souveraineté-association et au fédéralisme renouvelé, que plus de 60%

des Québécois souhaitent des changements constitutionnels importants. M. René Lévesque a d'ailleurs saisi tout de suite cette ouverture. Dès le soir où furent publiés les résultats du sondage, il s'est empressé de préciser à l'émission Télémag que c'est dans le groupe des 42% qui sont favorables à un fédéralisme renouvelé qu'il s'emploiera au cours des prochains mois à recruter des adhérents à sa propre thèse.

Outre ce risque très sérieux de confusion, un autre facteur jouera contre les tenants d'une solution de type fédéral lors des mois qui précéderont le référendum. Ils se feront constamment dire : « Votre fédéralisme renouvelé, vous en parlez depuis quinze ans. Non seulement n'avez-vous encore pratiquement rien obtenu, mais vous avez encore du mal, quinze ans après, à lui donner un contenu précis ».

Si les difficultés ne devaient exister que du même côté, les perspectives ne seraient guère brillantes. Mais elles seront probablement encore plus grandes dans l'autre camp. Dans la course au référendum, les partisans de la souveraineté-association partent en effet avec un handicap majeur que révèlent aussi les sondages : les citoyens favorables à l'indépendance sont au plus 20% de la population totale et tendent même à diminuer au lieu d'augmenter depuis un an. Or lorsque les citoyens auront clairement compris qu'il faut d'abord faire l'indépendance avant d'envisager l'association économique, lorsqu'ils auront aussi compris que l'association économique est plus facile à concevoir dans une salle de cours ou dans un bureau de technocrate que dans une véritable négociation avec les partenaires envisagés, ils voudront probablement y penser à deux fois avant de faire le saut dans l'indépendance, avec les nombreuses conséquences irréversibles susceptibles d'en découler.

De toute manière, ces observations suffisent à faire voir deux conclusions qui ressortent d'elles-mêmes des développements des derniers mois :

1) il serait dangereux et téméraire de penser qu'il est possible de garder le statu quo pur et simple;

2) le temps presse pour définir les éléments d'une possible troisième voie susceptible de rallier non seulement les éléments très nombreux, voire majoritaires, qui cherchent actuellement dans cette direction, mais aussi de nombreux péquistes qui n'ont probablement opté pour le souverainisme que parce qu'ils ne voyaient rien venir d'autre à l'horizon.

Avec votre permission, je voudrais proposer quelques éléments de ce que pourrait être cette troisième voie que nous sommes très nombreux à rechercher.

Les principes directeurs d'une « troisième voie »

Au départ, il faut poser deux principes fondamentaux qui conditionnent tout le reste :

1) Nous devons viser à conserver au Canada un régime de type fédéral. Nous devons aussi savoir avec clarté ce qui distingue ce type de régime de celui que préconisent les partisans de l'indépendance ou de sa version légèrement atténuée que constitue la souveraineté-association. Si l'on voulait être malin, on pourrait citer, pour résumer la formule mise de l'avant par M. René Lévesque dans son discours de Paris, cette définition peu flatteuse que le Petit Dictionnaire Larousse, jusqu'à l'an dernier du moins, donnait de la confédération : « Union d'États souverains qui constitue une forme transitoire dont l'aboutissement consiste soit en sa dissolution, soit en sa transformation en État fédéral ». Mais ce qu'il importera de faire valoir par-dessus tout, c'est qu'entre une fédération véritable et le genre de confédération que préconise aujourd'hui M. Lévesque, il n'y a pas seulement ni surtout une petite différence de trois lettres en plus ou en moins, mais une différence radicale de nature.

2) Dans le régime fédéral de l'avenir, une place plus explicite et plus satisfaisante devra être faite à deux éléments qui furent trop superficiellement abordés dans l'Acte de 1867, à savoir la réalité des deux communautés linguistiques et la place unique, spéciale et inaliénable du Québec comme expression politique principale et immédiate de celle de ces deux communautés qui est minoritaire dans l'ensemble du pays mais est majoritaire au Québec et entend

prendre les moyens de le demeurer. Sauf quelques cas exceptionnels, le Québec est considéré dans la Confédération canadienne et le droit statutaire du pays comme une province à l'égal des autres, sans plus. Or, si l'esprit fédéral exige que dans bien des domaines tous les membres de la fédération jouissent des mêmes droits et portent les mêmes obligations, il est aussi capable d'assez de souplesse pour tenir compte de différences aussi importantes que celles qui distinguent le Québec des autres provinces canadiennes.

Les aménagements institutionnels de l'avenir

Sur les deux principes qui viennent d'être énoncés, il ne sera pas difficile de faire un large accord. Mais comment traduire ces principes dans des structures capables de résister au test de la réalité et à l'épreuve du temps?

Certains croient avoir tout dit lorsqu'ils font appel à cet égard à la thèse des deux nations. Il existe, disent-ils, deux nations au Canada. Organisons leurs rapports suivant des règles d'égalité rigoureuse, et le tour sera joué.

Malheureusement pour eux, les choses ne sont pas aussi simples. Que le Québec, en raison de ses caractéristiques culturelles propres, forme une entité nationale distincte au sein de l'ensemble canadien, cela me paraît évident, et je le reconnais au point de n'éprouver aucune hésitation à accepter aussi le droit de cette communauté nationale à déterminer librement la forme de son destin politique. Mais quand on suppose que les autres groupes et les autres provinces forment de leur côté une seconde nation qui aurait elle aussi, comme le Québec, les caractéristiques d'une nation distincte, il est loin d'être assuré que cette terminologie accroche à la réalité. Ce ne sont pas seulement des similitudes et des affinités culturelles qui forment une nation. Il faut aussi des affinités géographiques, économiques et historiques. Or, à bien des égards, si l'on excepte la langue, les affinités sont plus grandes entre les Maritimes et le Québec, ou encore entre l'Ontario et le Québec, qu'entre les Maritimes et l'Ouest canadien ou encore entre l'Ontario et l'Ouest. Nous avons longtemps pensé de même que tout ce qui venait de l'Ouest était synonyme de centralisation. Or, ce cliché remonte au temps où les provinces des Prairies, durement frappées par la sécheresse et l'affaissement des marchés mondiaux du blé, avaient appris à compter sur le pouvoir central comme sur une véritable providence. Mais depuis ce temps déjà lointain, l'Ouest est devenu l'une des parties les plus riches de la fédération canadienne. Et comme par hasard, on a aussi vu s'y développer une conscience des droits inaliénables des provinces qui nous rappelle en bien des domaines nos propres positions québécoises en matière d'autonomie. Sous la responsabilité de la conférence des quatre Premiers ministres des provinces de l'Ouest, une étude a été faite ces derniers mois sur l'étendue des empiètements fédéraux dans un certain nombre de domaines réservés par la constitution à l'autorité des provinces. À lire le rapport de cette étude, on aurait facilement pu croire qu'il s'agit d'un document émanant du ministère québécois des Affaires inter-gouvernementales.

Tout ceci pour conclure qu'il serait illusoire et naïf de s'imaginer que l'on pourra jamais évoluer vers un régime fédéral où il n'y aurait que deux partenaires rigoureusement et mathématiquement égaux, soit le Québec et la supposée nation « autre que francophone », pour reprendre l'affreuse terminologie de la loi 101, que serait censé former le reste du Canada. Si nous voulons être réalistes, il sera plus sage de rechercher une fédération dont les parties constituantes auraient chacune une force et une dimension mieux proportionnées qu'actuellement, et où chacune, par conséquent, serait plus apte à assumer en plénitude les responsabilités d'un État constituant et moins encline à se fier au Big Brother qui siège à Ottawa pour des tâches relevant de sa propre compétence. À l'intérieur d'un ensemble canadien ainsi réorganisé, le Québec pourrait être l'une des cinq parties égales en principe. Je ne vois pas comment l'on pourrait envisager autre chose, à moins que ce ne soit la séparation ou la souveraineté complète pour chaque partie, ou à tout le moins pour le Québec.

Les droits fondamentaux

Un objectif majeur de la fédération demeurerait certes, encore davantage qu'aujourd'hui faut-il souhaiter, la protection et la garantie de certains droits fondamentaux que les peuples civilisés tiennent de plus en plus à inscrire en tête des objectifs qui les font vivre ensemble sous des structures communes. Mais alors qu'aujourd'hui ces droits sont surtout garantis par les lois ordinaires, la pratique administrative et la jurisprudence, avec tout ce que cela comporte de risques d'accrocs et de violations impunies, il faudrait que, dans la constitution fédérale de demain, ils soient inscrits en tête du texte constitutionnel et placés par conséquent au-dessus du caprice changeant des législateurs.

Parmi ces droits garantis par la constitution, il y aurait lieu de prévoir certains droits linguistiques minimaux qui vaudraient pour l'ensemble du pays. Je pense en particulier:

1) au droit de tout citoyen, qu'il soit de langue française ou anglaise, d'être servi dans sa langue par les services du gouvernement fédéral dans la capitale fédérale et aussi dans les régions où le nombre des citoyens qui le réclament justifie un tel service;

2) au droit de tout citoyen, qu'il soit de langue française ou anglaise, d'exiger que son enfant puisse recevoir l'enseignement public dans sa langue maternelle, partout où le justifie le nombre de ceux qui réclament un tel service;

3) au droit de tout citoyen, qu'il soit de langue française ou anglaise, d'avoir accès à la justice de son pays dans sa langue;

4) au droit de tout citoyen d'avoir accès dans toutes les parties du pays à la radio et à la télévision en langue française et en langue anglaise.

Vu la répartition géographique très diversifiée des communautés linguistiques, il ne faudrait cependant pas trop allonger le nombre de ces droits linguistiques garantis par la constitution. Il faudrait aussi laisser une forte marge à la liberté législative de chaque province. Le Québec en particulier, certains droits minoritaires étant saufs, devrait demeurer libre de poursuivre l'implantation des politiques linguistiques de son choix sur son territoire, dans les matières relevant de sa compétence.

Il sera toutefois impossible, cela va de soi, de parler d'une charte constitutionnelle des droits humains aussi longtemps que l'on ne se sera pas entendu sur une réorganisation de la Cour suprême qui accorde au Québec - vu sa tradition juridique et sa culture différente - toutes les garanties d'égalité qu'il exige à bon droit. La Charte de Victoria prévoyait une consultation des provinces en ce qui touche la nomination des juges de la Cour suprême et garantissait au Québec une représentation de trois juges sur neuf. Il faudra envisager une réorganisation plus substantielle que cela.

Un statut particulier, oui ou non?

Dans toute la mesure où l'on pourra refaire la constitution du Canada sans créer un statut distinct pour l'une des parties constituantes, cela sera préférable. Dans toute constitution, un minimum de symétrie et de logique est souhaitable. Il ne faut se résoudre à des clauses différentiatrices que lorsqu'elles sont vraiment indispensables. Aussi partout où le partage des compétences législatives pourra être établi de la même manière pour toutes les provinces, cela sera-t-il préférable.

Il faut d'ores et déjà prévoir, cependant, que dans un certain nombre de domaines, en particulier dans les domaines reliés à la politique sociale et culturelle et aussi à la gestion immédiate de l'économie, le Québec aura des raisons que n'auront point les autres provinces de vouloir disposer d'une marge de manœuvre plus grande à l'endroit de certaines initiatives fédérales. Pour ces cas précis, il faudra prévoir dans la future constitution une règle de souplesse permettant le recours dans certains cas tantôt à l'*opting out*, tantôt à l'*opting in* facultatif, accompagné de compensation fiscale ou financière équitable. Il pourra sortir de tout cela un statut particulier plus ou moins étendu pour le Québec. Cela ne devrait ni surprendre ni scandaliser, aussi longtemps que ce statut ne donnera pas lieu à des privilèges dont le Québec serait seul à jouir.

Le Québec, de son côté, s'il décide de demeurer dans la fédération, devra aussi en accepter certaines règles de mise en commun des risques et des richesses. Ainsi, les richesses naturelles appartiennent sous notre régime aux provinces. Mais devant la crise des prix pétroliers qui avait surgi en 1973 à l'échelle internationale, le Parlement fédéral fut justifié à mon avis de décréter que le pétrole de l'Alberta et de la Saskatchewan devait temporairement être considéré comme un bien national. Il pourrait arriver un jour qu'un problème semblable surgisse autour d'une ressource naturelle dont le Québec posséderait d'abondantes réserves. Il va sans dire qu'il faudrait laisser ouverte ici aussi la possibilité d'une intervention fédérale en un temps de crise. Et ce dernier ne serait pas un voleur pour autant. Il pourrait très bien soutenir que son intervention fut dictée par son rôle d'agent d'une répartition équitable des risques et des avantages dans la fédération. Nous devons être prêts à accepter la possibilité que ce genre de chose arrive. Autrement, si nous n'avons pas le minimum de volonté de mettre certaines choses en commun que postule le fédéralisme, mieux vaut cent fois que nous décidions de nous séparer.

Le partage des pouvoirs législatifs

À moins que l'on ne veuille revenir par la porte d'en arrière à une version atténuée de la souveraineté-association, il faudra consentir dans le régime fédéral de demain, à ce que le Parlement central soit investi de pouvoirs suffisants pour être capable en particulier de promouvoir la croissance économique, de favoriser la capacité concurrentielle des produits canadiens sur les marchés étrangers, de favoriser une répartition équitable de la richesse et du revenu national, d'assurer une stabilité minimale de l'économie, et aussi de fournir certains services essentiels qui ne sauraient relever que d'une autorité commune, par exemple la monnaie, la poste, le bon agencement des communications, un système national de transports, des normes communes en matière de justice criminelle, etc.

Mais à côté de ces domaines qui doivent continuer à relever d'une autorité centrale - sans quoi il n'y aurait plus de fédération - il en existe une foule d'autres où, à l'heure actuelle, les deux ordres de gouvernement sont présents en même temps sans toujours que l'on voie clairement en quoi leur présence est complémentaire et également justifiée. Voici une liste incomplète de ces domaines :

- allocations familiales;
- pensions de vieillesse et supplément de revenu garanti pour les personnes âgées;
- allocations de bien-être et d'assistance;
- revenu garanti;
- habitation et affaires urbaines;
- expansion économique régionale et aide à l'industrie;
- recherche scientifique dans les universités;
- contrôle des institutions financières, sauf les banques;
- placement de la main-d'œuvre et programmes de formation professionnelle;
- enregistrement, incorporation et contrôle des sociétés commerciales;
- crédit agricole;
- détention et réhabilitation des délinquants;
- nomination des juges et organisation des tribunaux;
- services de police;
- immigration;
- radio-diffusion;
- aide aux arts, aux lettres et à la culture;
- mariage et divorce;
- agriculture et politiques agricoles;

Je ne dis point qu'il faudrait du jour au lendemain exiger que l'un ou l'autre gouvernement évacue ces domaines d'intervention. Je me scandalise cependant des dédoublements multiples, coûteux et frustrants qu'entraîne le partage actuel des pouvoirs. Le temps paraît venu d'aborder enfin cette question, à partir non pas de théories abstraites ou monopolisantes, mais d'un examen serré des faits et des coûts.

Les freins indispensables

Dans la constitution actuelle, un certain nombre de dispositions écrites ou implicites ont fortement contribué à l'élargissement dangereux des champs d'intervention de l'autorité fédérale. Je pense en particulier :

1) au pouvoir de dépenser, dont Ottawa s'est souvent servi pour intervenir dans des domaines qui relevaient carrément de l'autorité provinciale;

2) au pouvoir déclaratoire, en vertu duquel le Parlement fédéral peut invoquer l'intérêt national pour déclarer que tel projet ou telle richesse naturelle doit relever non plus de telle province mais de l'autorité centrale;

3) à la clause dite de la paix, de l'ordre et du bon gouvernement, qui a aussi servi à justifier des interventions fédérales dans des domaines réservés aux provinces par le texte constitutionnel;

4) au fait que les pouvoirs non définis dans la constitution ont souvent été dévolus ou appropriés par le pouvoir central sous prétexte qu'ils n'entraient pas sous la définition plutôt limitative des pouvoirs réservés aux provinces.

Dans une constitution renouvelée, il y aura lieu non pas d'abolir tous ces pouvoirs fédéraux, mais d'en entourer l'exercice de précautions et de sauvegardes plus fortes que par le passé.

La méthode à suivre

J'ai suivi de près depuis plus de quinze ans l'évolution du dossier constitutionnel. De ce long cheminement qui fut, plus souvent qu'autrement, frustrant, je voudrais dégager certaines leçons dont nous aurons profit à nous souvenir dans les démarches des deux ou trois prochaines années :

1) il faut éviter comme la peste le danger de la surenchère verbale et des slogans creux, qui guette tellement les partis en ces matières. Il faut au contraire établir avec précision, dans la recherche, l'étude et la confrontation loyale avec d'autres points de vue, les changements que l'on souhaite;

2) il faut éviter de confondre les pouvoirs élargis dont rêveront toujours les politiciens et les technocrates, avec l'intérêt véritable du peuple. Ainsi que le signalent les auteurs des Federalist Papers, souvent les hommes politiques et les technocrates réclament

au nom de l'intérêt supérieur un agrandissement de leur autorité qui vise beaucoup plus à agrandir leur autorité personnelle qu'à mieux servir leurs sujets;

3) il faut s'assurer, avant de compromettre tout un peuple ou tout un parti autour de tel ou tel changement, que celui-ci sera compatible avec les objectifs et l'esprit d'un régime fédéral. Il faut vérifier en particulier s'il a des chances raisonnables d'être accepté des autres partenaires, qui ne sont pas là seulement pour servir d'alibis électoraux à des politiciens démagogues ou irresponsables;

4) il faut, quand on est au gouvernement surtout, savoir mettre les ministres d'abord, les députés ensuite, et enfin et surtout la population dans le coup lorsqu'on veut promouvoir des changements;

5) il faut dans toute la mesure du possible maintenir à Québec l'initiative de la problématique, c'est-à-dire le leadership dans la manière de poser les problèmes.

En ce qui touche la séquence des démarches à venir, je voudrais enfin soumettre les observations suivantes :

1) les propositions concrètes devront émaner du Québec et, devrai-je ajouter, de milieux extérieurs au gouvernement actuel du Québec, aussi longtemps que celui-ci voudra s'inspirer d'une vision déformée du mandat qu'il a reçu le 15 novembre 1976 et des limites claires dont il était assorti à l'insistance même du PQ. Le Canada de langue anglaise est aujourd'hui mieux disposé à accueillir des propositions responsables qui émaneront du Québec; il n'est cependant pas prêt à mettre lui-même sur la table des propositions précises et complètes. Quant au gouvernement fédéral, il serait infiniment préférable qu'il évite de mettre la charrue devant les boeufs et qu'il laisse d'abord se former un certain consensus au Québec même, parmi les partisans de l'option fédérale, quitte à ce que des hommes politiques fédéraux s'associent personnellement à une telle recherche sur un pied d'égalité avec d'autres concitoyens québécois;

2) chaque groupe intéressé, chaque parti, doit en premier lieu se donner ou tenter de se donner une pensée un peu articulée sur l'option constitutionnelle. À chacun de chercher à mobiliser à cette fin les meilleures ressources intellectuelles disponibles. Il faut souhaiter qu'au stade de la mise en commun nécessaire ce soient les meilleures idées et non pas nécessairement celles des groupes les plus nombreux et les plus bruyants qui l'emportent;

3) dans le cas du Parti libéral du Québec, un problème spécial se pose en raison du fait que de nombreux militants et responsables locaux et régionaux du Parti militent également au plan fédéral au sein du Parti libéral du Canada. Ces deux partis regroupent souvent les mêmes personnes et, en tout cas, défendent fondamentalement les mêmes valeurs. Ils auraient intérêt à se consulter et à collaborer davantage au cours des mois à venir. L'essentiel, ce n'est pas qu'il y ait ou qu'il n'y ait pas de rencontres. C'est plutôt qu'on soit assez franc pour les faire au grand jour, sans fausse cachette, et que le parti provincial soit suffisamment équipé et armé pour tenir son bout avec fermeté et dignité;

4) des rapports étroits devront être maintenus au cours des prochains mois entre ceux qui s'occuperont au Québec sous une forme ou sous une autre de promouvoir des changements constitutionnels et des éléments représentatifs des autres provinces et en général du Canada anglais. La courtoisie fédérale la plus élémentaire demande en tout temps que de tels contacts aient lieu. À plus forte raison l'exige-t-elle en un temps où l'évolution des idées chez les uns et les autres peut conduire au renforcement ou à l'éclatement du pays;

5) enfin, après le référendum, quel qu'en soit le résultat, nous devrons continuer de vivre ensemble, voire de collaborer plus que jamais pour le plus grand bien du Québec. Cette seule perspective devrait nous inciter à conduire au niveau le plus élevé possible de dignité, de respect de la vérité des faits et de la personne de l'adversaire une lutte qui promet d'être la plus dure et la plus âpre de notre histoire. Un devoir spécial incombe à cet égard à celui qui prétend avoir fait le pari le plus large et le plus généreux. L'amitié qu'il prétend étendre à des hommes qui diffèrent de lui à bien des égards, il devrait être capable de la conserver à ceux qui sont ses frères

immédiats par le territoire et la culture, même si les options politiques le séparent d'eux. C'est à ce niveau, tout autant qu'à celui des résultats du référendum que sera déterminée la qualité sinon la forme extérieure de notre avenir.

Le rôle exigeant du Parti libéral du Québec dans la lutte pour l'unité canadienne

JOHN TRENT

JOHN TRENT

Politicologue. Professeur en sciences politiques à l'Université d'Ottawa. Docteur en sciences politiques de l'Université Queen's de Kingston. A été professeur à l'Université Queen's, et au Collège militaire de Kingston. Secrétaire général de l'Association internationale des sciences politiques. Membre du Bureau de direction des éditeurs pour la revue *La documentation politique internationale*. A publié de nombreux articles, études et rapports dans des revues spécialisées nationales et internationales.

Ce 20ième congrès du Parti libéral du Québec est une occasion historique. L'orientation que vous donnerez à votre parti durant celui-ci aura une influence capitale sur l'avenir de notre pays, c'est-à-dire sur le maintien et l'évolution du Canada. Le pays tout entier espère que le Parti libéral du Québec se révélera une force politique capable de rallier les Québécois à la défense du Canada. On espère aussi que le Parti libéral est celui qui pourra surmonter les divisions et l'esprit rancunier et amer qui tiraillent actuellement la société québécoise pour faire travailler ensemble les gens de différents groupes sociaux, ethniques et économiques afin de construire une meilleure province dans un meilleur pays. C'est une responsabilité lourde et exigeante qui vous incombe. C'est aussi une occasion qui demande de votre part une vision de grandeur parce que vous n'avez pas seulement à songer à l'avantage politique, mais aussi à l'avenir d'une société entière. Les choix que fait le Parti à ce congrès et les orientations qu'il poursuivra pendant les trois prochaines années détermineront si, oui ou non, se continuera pendant un deuxième ou troisième siècle, cette expérience politique qu'est le Canada. Reconnaissons que cette expérience politique fait l'envie du monde entier parce qu'elle a permis et permet toujours à des millions de personnes de poursuivre une vie riche et digne dans un climat de liberté, de paix et de stabilité.

Le point essentiel, cependant, est que si le Parti libéral doit jouer un rôle important dans l'avenir, il se doit d'offrir un programme progressiste et attrayant, une organisation ouverte et accueillante qui lui gagnera la confiance des 40% des votants au Québec qui sont actuellement indécis. C'est pour cette raison que vos décisions à ce congrès sont si importantes. Et, c'est dans cette optique que je veux me pencher sur les rôles essentiels que le Parti doit jouer pendant les prochaines années.

Vu l'enjeu, il me semble important que je vous dise dès le début dans quelle perspective mes pensées s'inscrivent. Dans la situation actuelle, une situation grave et instable, il me semble important de sortir de mon rôle habituel de professeur pour vous dire, en tant que Québécois, ce que j'attends du Parti libéral, et en tant que Canadien, ce que j'espère pour le pays.

Le PLQ et les images qu'il projette auprès de l'opinion

Ma fonction sera de servir de miroir et de tâcher de vous offrir un reflet de l'image que le Parti libéral projette dans le public. Alors, dans cette perspective de non-militant, à la fois citoyen et analyste, je vais essayer, dans un premier temps, de décrire certaines tendances qui me semblent nuisibles à l'avenir du Parti. Par la suite, je suggérerai certains rôles que le Parti devrait jouer s'il veut s'assurer une population attentive à ces appels dans le Québec d'aujourd'hui. Pour rendre mes propos plus clairs dans un temps limité, je vais regrouper ces tendances telles que perçues autour de six grands thèmes qui serviront de toile de fond pour les quatre rôles essentiels que je veux proposer.

Premier thème. Quelle est l'image actuelle du Parti libéral du Québec? N'en déplaise à personne, il semble que l'image ne soit pas très bonne. Si l'on veut croire au dernier sondage, il semble que seulement 16% de la population serait prête à voter pour le Parti libéral si une élection se tenait aujourd'hui. On peut se demander si cette stagnation dans la popularité du Parti n'est pas un résultat du fait que la population ne voit pas de changement depuis un an dans les attitudes des libéraux. C'est-à-dire que l'homme dans la rue a peur que le Parti n'ait pas été assez humble après sa défaite pour reconnaître certaines insuffisances dans son comportement antérieur. Beaucoup conviennent, même des péquistes, qu'en tant que gouvernement, les libéraux ont offert une administration saine et stable. Néanmoins, le gouvernement était critiqué pour son élitisme et son attitude technocratique, pour son éloignement de la population et pour sa tendance manipulatrice qui l'amenait à diriger d'en haut plutôt qu'à répondre aux attentes de l'électorat. La population veut savoir si le Parti est prêt à montrer l'autre côté de sa personnalité.

Deuxième thème. On semble être porté à beaucoup trop miser sur la question de la chefferie. On attend l'homme sur le cheval blanc qui va gagner la bataille pour nous. Je me demande si notre société n'est pas assez mûre pour produire des partis et des gouvernements qui ne dépendront pas, pour leur compétence, de l'influence d'une seule personne. Il y a aussi un autre facteur : face à un René

Lévesque dont la popularité dépasse largement celle de l'option péquiste, il ne faut pas tomber dans le piège de la surenchère de la chefferie. Le fédéralisme étant l'option de la logique plutôt que de l'émotion, il vaut mieux faire la bataille avec de bonnes idées, de bonnes options et pas juste un chef, mais toute une équipe de leaders compétents, quitte à rajouter à cette base fondamentale l'autorité et le prestige d'un chef par la suite.

Troisième thème. Si on est absorbé par la question de la chefferie, il semble que bien des personnes dans le Parti soient obsédées par la question du référendum. Il serait hasardeux de placer tous ses œufs dans ce panier. La tâche essentielle d'un parti politique, c'est de gagner les élections et de former un gouvernement. Donc, même si le Parti libéral prête main forte à la campagne référendaire, il faudra que ses activités soient conçues dans le cadre d'une stratégie globale visant à redevenir le gouvernement du Québec.

Quatrième thème. À l'extérieur, on a peur qu'il y ait une certaine tendance dans le Parti qui ne cherche qu'à regagner le pouvoir, sans envisager des changements au Québec ou au Canada, et qu'on ignore les causes fondamentales de la crise de notre système politique, c'est-à-dire les aspirations nationales, économiques et sociales. Une meilleure stratégie serait d'aller voir ce que veut la population et ensuite de préparer un programme en fonction de ces attentes. Le pouvoir politique lui-même suivra comme le jour suit la nuit.

Cinquième thème. Dans le projet de manifeste, on proclame le Parti un parti fédéraliste. Très bien. Il faut que cette orientation soit affirmée clairement une fois pour toutes. Mais est-ce que cette déclaration de foi dans le fédéralisme et le Canada est suffisante? Il me semble que non. On peut suggérer une autre image du Parti libéral. L'image du Parti qui a amené l'éveil de la population québécoise, qui a dirigé la Révolution tranquille, qui a mené la lutte contre la centralisation d'Ottawa, qui a modernisé l'économie et l'administration du Québec, qui a lutté contre la corruption et qui était constamment à l'écoute de la population. Donc, il me semble que si l'on veut s'assurer l'appui de la population québécoise, il faut savoir la convaincre qu'en plus de l'option fédéraliste, le Parti libéral saura mieux que n'importe quel autre parti défendre et affirmer les intérêts des Québécois. Il faut qu'il soit le parti du libéralisme engagé et réformiste plutôt que du libéralisme élitiste et conservateur.

Enfin, un sixième thème. On semble percevoir dans le Parti une certaine inaction et de l'attentisme face à un pays et à une population en désarroi, pessimiste, frustrée, se sentant délaissée et impuissante. Peut-être que c'est ici qu'il faut commencer. L'essentiel maintenant pour les fédéralistes est d'avoir une attitude positive et créatrice. Sans être blasé ou romantique, il me semble qu'on peut faire face à la lutte qui s'en vient avec fierté et vigueur. On a une occasion de refaire le fédéralisme canadien, de le revaloriser et de le mettre à jour. En fait, on sait que les systèmes fédéraux sont des mécanismes complexes qui font très peu appel aux émotions. Il faut une crise pour qu'on soit capable de faire valoir les mérites du système fédéral - un système fondé essentiellement sur la volonté de différents peuples et de différentes régions de maximiser leurs intérêts dans une seule communauté. On sait aussi qu'il fallait le choc de l'élection péquiste pour éveiller la population anglophone au danger actuel. Ce choc a presque réussi quoiqu'il faille encore donner beaucoup d'explications à la fois à l'extérieur et à l'intérieur du Québec.

Néanmoins, on peut se demander s'il n'y a pas un certain rythme dans la vie des pays et s'il ne faut pas, à certains moments, qu'ils descendent au fond du gouffre pour ensuite remonter la côte. On peut même se demander si cette expérience ne façonne pas un meilleur peuple en lui donnant une meilleure connaissance des avantages de son système politique.

Donc c'est à nous de répondre au défi de la séparation avec maturité en proposant des réponses constructives. La question est moins de battre le PQ que de rebâtir le Canada. En accomplissant la deuxième tâche, on accomplit la première.

Ceci dit, il faut admettre que je ne sais pas si les tendances que j'ai mentionnées correspondent à de fortes ou faibles tendances dans le Parti. Je ne sais pas non plus si les images qu'on peut avoir du Parti de l'extérieur sont justifiées ou non. Mais ceci n'est pas vraiment essentiel. Mon objectif est de vous prévenir des dangers que comportent de telles tendances et de telles images. Pour être franc, si ces tendances prédominent, il y a peu d'espoir que le Parti libéral puisse gagner la prochaine élection. Dans la mesure où je vois juste, il faut préconiser de nouvelles orientations ou des réorientations du Parti pour combler ces lacunes, au moins dans l'esprit du public. C'est pour cette raison que je veux terminer mon discours sur un ton plus positif, en proposant quatre rôles essentiels qu'à mon avis le Parti pourrait facilement jouer dans les mois à venir. Je crois que le Parti libéral du Québec devrait redevenir le parti de l'intégration, du renouvellement, de la participation populaire et de l'affirmation. Je m'explique.

Une force d'intégration des groupes sociaux

La première tâche qui s'impose, c'est de faire reconnaître le Parti libéral comme le parti qui intègre les intérêts et les activités des différents groupes ethniques, des classes sociales, des corps intermédiaires et des groupes d'intérêt qui composent la population québécoise. Il faut qu'il soit connu comme un parti où l'on peut participer et être écouté. Il faut élargir la base militante du Parti. Il faut ouvrir le Parti en allant, sur place, consulter les différents groupements dans la population et en les invitant à s'impliquer dans le Parti libéral. La force d'un parti, c'est sa capacité de régénération et sa capacité d'être connu comme un parti du peuple. On doit donc imaginer des mécanismes qui permettraient au Parti d'aller travailler avec les ouvriers, les étudiants, les femmes, les syndicalistes et les différents milieux ethniques et linguistiques. Pour remplir cette fonction, il me semble qu'on devrait former des équipes, peut-être des sous-commissions politiques, chargées de cette tâche.

I must insist on one aspect of this task of integration. One often hears, and especially from separatists, that the anglophones of Quebec and of Canada are against the progress of the French-Canadian community and want only to protect the status quo and their privileges and interests. One cannot deny a certain truth in

this accusation. I suppose it would be unnatural if it were not so.
On the other hand, it depends on what factors you want to empha-
size. What has been most important in the last decade and espe-
cially in the past year is the awakening of the anglophone popu-
lation, the very real degree of positive reaction of many of them and
their recognition of the injustices to which the francophone popu-
lation has been subjected. While there are a certain number of
"irréductibles", the surprising factor is that the main reactions
during the past year have been positive in the sense that they have
accepted the necessity for much of the linguistic legislation and the
necessity for the reorientation of economic roles in Quebec. All
that this group is saying no to is the extreme and unnecessary
elements of linguistic and cultural legislation and the separation
of the country they have helped to build during past generations.

Le besoin de renouvellement

Le deuxième rôle du Parti libéral en est un de renouvellement
et ceci à trois niveaux : dans la province, à l'intérieur du Parti et au
Canada. Ce rôle suppose, d'abord, que le Parti ait une stratégie à
long terme et une vision de l'ensemble des changements qui s'imposent. Le programme et l'organisation du Parti, la chefferie, le
référendum, la lutte contre le PQ dans la campagne électorale,
les futures politiques gouvernementales et la renégociation du
fédéralisme canadien sont tous des éléments qui font partie d'un
ensemble et ils doivent être considérés les uns en fonction des
autres. Par exemple, dans l'hypothèse où la population opte pour
le fédéralisme lors du référendum et qu'ensuite un Parti fédéraliste
soit élu au Québec, il faut savoir à la fois comment se comporter
envers les nationalistes amèrement déçus et envers le gouvernement
fédéral et le Canada anglais qui auraient tendance à croire que
la crise est passée et qu'on n'a plus besoin de bouger. Ou encore,
si l'on reconnaît le fait que l'option fédéraliste a été battue lors
de l'élection du 15 novembre en partie parce que le vote était divisé
entre plusieurs partis d'option fédéraliste, il faut envisager que le
même phénomène puisse se reproduire lors de la prochaine élection.
Doit-on alors considérer le besoin d'un front commun, d'une coa-
lition, d'une espèce de mouvement fédéraliste, au moment de la
prochaine élection provinciale ?

En ce qui concerne le renouvellement du Parti, il me semble qu'il y a quatre points clés. Sur le plan de l'organisation, la mobilisation d'un appui fort dans la population exige une ouverture vers l'extérieur. Deuxièmement, il ne faut plus tomber dans le piège du culte du grand chef. Troisièmement, le référendum ne devrait pas absorber toutes les énergies du Parti. Quatrièmement, vu que c'est le Parti libéral qui a pris l'initiative de la réforme électorale au Québec et aussi parce que les nouvelles lois l'exigent, il faut que le Parti ait une caisse électorale ouverte et se dote de mécanismes puissants pour recourir à un financement populaire. Enfin, en ce qui concerne le rajeunissement du fédéralisme canadien, il y a une certaine justice dans le fait que ce rôle revient au parti qui a lancé la Révolution tranquille et qui a remis en question les attitudes et les structures fédérales canadiennes. Il faut maintenant que le Parti libéral se définisse, non seulement comme le parti du fédéralisme, mais aussi comme le parti de la troisième option. Si l'on veut répondre aux inquiétudes profondes de beaucoup de Canadiens, non seulement au Québec, mais dans toutes les provinces, le Parti libéral du Québec doit se battre à la fois contre la naïveté simpliste du séparatisme et contre les empiètements centralistes d'Ottawa.

Un régime économique pour le peuple

En troisième lieu, je souhaite que le Parti libéral augure un programme d'économie populaire. Il est évident qu'avec le PQ au pouvoir et toute l'instabilité que cela cause à l'économie québécoise et canadienne, on ne peut guère espérer une amélioration des conditions économiques à court terme. Mais, il ne suffit pas de déplorer cette situation; il faut savoir ce qu'on veut faire de l'économie. Il est certain que le centralisme étatique prôné par le Parti québécois n'est pas une solution acceptable. Par ailleurs, le projet de manifeste du Parti libéral qui défend un régime d'économie de marché fondé sur la liberté des prix et l'entreprise privée, ne va pas très loin non plus. Quoique je ne sois pas économiste, ou peut-être *parce que* je ne suis pas économiste, il me semble que cette optique est périmée et démodée, dans un monde dominé de plus en plus par des monopoles capitalistes et étatiques qui sont largement soustraits à l'économie de marché tout en échappant au contrôle de la société québécoise et canadienne. Dans de telles conditions, compter uniquement sur l'entreprise privée n'est ni dans nos intérêts ni une conception libérale. Le malheur, c'est qu'aussitôt qu'on ose suggérer qu'il y a certaines faiblesses dans le système actuel d'entreprise privée, on conclut qu'on est en train de proposer comme seule autre solution de rechange un socialisme étatique. Je trouve l'une et l'autre de ces solutions simplistes. En proposant la notion d'une économie populaire, je suggère, d'abord, qu'on accepte la réalité de la situation actuelle et qu'on axe nos politiques autour du concept d'une économie mixte qui accorderait autant de priorité au secteur coopératif, aux sociétés de la couronne indépendantes et à la notion d'autogestion, ou mutualité, qu'on accorde aux secteurs d'entreprises privées et étatiques. Il faut en même temps songer à des techniques permettant à la fois une meilleure participation des travailleurs dans tous les secteurs de l'économie et un accroissement du contrôle de l'économie par les gens d'ici. Dans la situation actuelle et ridicule où la pauvreté et le chômage vont en augmentant et où les disparités entre les riches et les pauvres s'accroissent, il faut que le Parti porte autant d'attention à la répartition de la richesse qu'à sa croissance (qui est d'ailleurs une solution de plus en plus limitée). Bref, la politique économique devrait refléter les intérêts de toute la population aussi bien que du secteur des affaires.

L'affirmation des intérêts des Québécois

Le dernier rôle qui s'impose au Parti libéral du Québec, c'est de bien mener la lutte pour le fédéralisme et pour vraiment bien mener cette lutte il faut reconnaître certaines conditions fondamentales. De prime abord, si l'on a une crise politique au Canada actuellement, c'est parce que la population francophone ressent les méfaits d'une position minoritaire, les inégalités économiques et la menace de l'assimilation, en même temps qu'on ressent la nécessité de voir à l'épanouissement de la communauté. Toutes les solutions fédéralistes devront apporter des réponses à ces problèmes. En outre, il faut reconnaître que de plus en plus il y a une convergence plutôt qu'une divergence entre les intérêts des Canadiens français et des Canadiens anglais. Chaque jour, un plus grand nombre d'anglophones reconnaissent le bien-fondé de maintes demandes des francophones en même temps qu'ils souhaitent eux-mêmes que des améliorations soient apportées au système politique canadien. Il faut aussi que les Québécois reconnaissent que le Canada anglais est le meilleur allié pour assurer l'épanouissement de la culture française en Amérique à cause de sympathies mutuelles ou à cause de l'interdépendance des intérêts. Ça ne sera ni les États-Unis ni la France qui lèveront le petit doigt pour aider à préserver la culture française sur ce continent.

En dernier lieu, il faut se rappeler que lorsqu'on dit qu'on se bat pour le fédéralisme, ce n'est pas pour défendre Ottawa, la constitution actuelle, le statu quo ou le pouvoir central. Ça ne veut pas dire non plus qu'on est forcément anti-nationaliste. Il y a deux sortes de nationalisme, celui du bouclier et celui de l'épée. L'épée brandie par le Parti québécois et ses adhérents nationalistes vise à enlever des droits aux anglophones et à briser le pays. Le nationalisme du bouclier que devrait prôner le Parti libéral cherchera à défendre et à affirmer les intérêts des Canadiens français tout en respectant les droits d'une communauté pluraliste.

C'est pour cette raison que je prétends que le Parti libéral devrait être le meilleur défenseur des intérêts des Québécois et le parti qui affirme le rôle de la culture française dans la communauté canadienne. Pour les défenseurs du fédéralisme au Québec, ce n'est pas le moment, simplement à cause de la peur du séparatisme, de renier les demandes d'amélioration du fédéralisme canadien qui ont été faites par tous les gouvernements de la province depuis 1960. À l'heure actuelle, les autres provinces et une bonne partie de la population anglophone cherchent dans le Parti libéral un interlocuteur valable pour mener à bien la réforme du système canadien. Je ne peux pas ici aborder tous les éléments de cette réforme, mais je veux simplement souligner quatre propositions concrètes.

Des propositions concrètes

First, the Liberal Party of Quebec should form, as soon as possible, a Federal Commission which will travel throughout

Canada to let Canadians know that there is absolutely no way in which we can win the referendum in Quebec and hold Canada together unless the other provinces, first of all, are ready to grant to their francophone minorities a status equal to, or superior to, that of the anglophone minority in Quebec, secondly, are ready to recognize the fundamental proposition that Canada is formed by two major peoples and cultures as well as by ten provinces; and thirdly, are ready to support major reforms in the federal structures. We must tell all Canadians that even if the final decisions on separation may be made within Quebec, they can make an extraordinary and absolutely necessary contribution toward a decision in favour of federalism by openly recognizing the partnership of French and English in Canada.

En deuxième lieu, quoiqu'il serait peut-être impossible d'en arriver au Canada ou n'importe où à un système qui ne reconnaîtrait pas certains aspects du majoritarisme, je crois qu'on peut parer aux pires influences de ce principe dans la politique canadienne si d'abord et avant tout on travaille pour créer des attitudes qui reconnaissent très profondément la nécessité d'équilibres tolérables et de l'équité entre communautés ethniques dans les domaines politiques, économiques et régionaux. Autrement dit, il faut renoncer à l'idée que la majorité a toujours raison.

Ensuite, il faut exiger qu'une éventuelle commission constitutionnelle qui se verrait confier la tâche de préparer un projet de réforme du fédéralisme canadien, soit composée à part égale de francophones et d'anglophones pour que le projet de constitution lui-même reflète l'égalité et non la majorité.

Finalement, il me semble qu'on devrait commencer à considérer très sérieusement la création au Canada d'un conseil d'équité, qui lui aussi serait composé moitié-moitié d'anglophones et de francophones. Il aurait la double tâche de renverser toute législation qui se serait montrée pernicieuse à l'endroit de l'un ou de l'autre des groupements culturels majoritaires et d'étudier et de proposer différentes formes de législation qui pourraient promouvoir les intérêts de ces majorités.

128

En conclusion, revenons au fond de notre débat qui est basé sur la question du rattachement du Québec à l'entité canadienne. La ligne directrice de ma pensée est la suivante : les fédéralistes croient que le séparatisme, dont le projet de souveraineté-association n'est qu'une espèce camouflée, est une solution simpliste, dangereuse et coûteuse qui, à très brève échéance, nuira à l'épanouissement des communautés à la fois francophones et anglophones du Canada. On sait aussi que dans un monde où il y a à peu près 4,400 ethnies cantonnées dans seulement 163 pays, le séparatisme n'est ni inévitable ni toujours possible. Cependant, puisque la théorie du séparatisme est fondée sur les liens culturels et ethniques, elle a une très grande puissance. Si on veut lutter pour le fédéralisme, il faut avoir au Québec des organisations et des partis politiques qui sont également puissants et hautement compétents. Être puissant veut dire être populaire. Être populaire sous-entend l'intégration, le renouvellement des politiques économiques pour le peuple et l'affirmation de la communauté française dans le sens que j'ai tenté de décrire. Si le Parti libéral du Québec a des politiques attrayantes pour toutes les couches de la population et s'il se montre ouvert et flexible, il me semble qu'il serait facile d'attirer non seulement un grand chef, mais toute une équipe de personnes de la plus haute qualité. Si le Parti est à la fois populaire et doté d'une bonne équipe de direction, il reprendra le pouvoir muni de la compétence nécessaire pour mener à bien la réforme du fédéralisme canadien, une réforme qui pourrait, je crois, satisfaire les désirs de beaucoup de nationalistes qui adhèrent actuellement au PQ. Voici donc le chemin du rattachement du Québec au Canada. Un parti fort saurait gagner le pouvoir politique à condition qu'il ait l'organisation et le programme qui attirera la population. Le Parti libéral du Québec s'est montré capable maintes fois de relever un tel défi. Il y a toute raison d'espérer qu'il saura le faire encore une fois.

Sommaire

Achevé d'imprimer sur les presses de
L'IMPRIMERIE ELECTRA *
pour
LES EDITIONS DE L'HOMME LTÉE

* Division du groupe Sogides Ltée

Ouvrages parus
chez les Éditeurs du groupe Sogides

Ouvrages parus aux
ÉDITIONS DE L'HOMME

ART CULINAIRE

Art d'apprêter les restes (L'),
S. Lapointe, **4.00**
Art de la table (L'), M. du Coffre, **$5.00**
Art de vivre en bonne santé (L'),
Dr W. Leblond, **3.00**
Boîte à lunch (La), L. Lagacé, **4.00**
101 omelettes, M. Claude, **3.00**
Cocktails de Jacques Normand (Les),
J. Normand, **4.00**
Congélation (La), S. Lapointe, **4.00**
Conserves (Les), Soeur Berthe, **5.00**
Cuisine chinoise (La), L. Gervais, **4.00**
Cuisine de maman Lapointe (La),
S. Lapointe, **3.00**
Cuisine de Pol Martin (La), Pol Martin, **4.00**
Cuisine des 4 saisons (La),
Mme Hélène Durand-LaRoche, **4.00**
Cuisine en plein air, H. Doucet, **3.00**
Cuisine française pour Canadiens,
R. Montigny, **4.00**
Cuisine italienne (La), Di Tomasso, **3.00**
Diététique dans la vie quotidienne,
L. Lagacé, **4.00**
En cuisinant de 5 à 6, J. Huot, **3.00**
Fondues et flambées de maman Lapointe,
S. Lapointe, **4.00**
Fruits (Les), J. Goode, **5.00**

Grande Cuisine au Pernod (La),
S. Lapointe, **3.00**
Hors-d'oeuvre, salades et buffets froids,
L. Dubois, **3.00**
Légumes (Les), J. Goode, **5.00**
Madame reçoit, H.D. LaRoche, **4.00**
Mangez bien et rajeunissez, R. Barbeau, **3.00**
Poissons et fruits de mer,
Soeur Berthe, **4.00**
Recettes à la bière des grandes cuisines
Molson, M.L. Beaulieu, **4.00**
Recettes au "blender", J. Huot, **4.00**
Recettes de gibier, S. Lapointe, **4.00**
Recettes de Juliette (Les), J. Huot, **4.00**
Recettes de maman Lapointe,
S. Lapointe, **3.00**
Régimes pour maigrir, M.J. Beaudoin, **4.00**
Tous les secrets de l'alimentation,
M.J. Beaudoin, **2.50**
Vin (Le), P. Petel, **3.00**
Vins, cocktails et spiritueux,
G. Cloutier, **3.00**
Vos vedettes et leurs recettes,
G. Dufour et G. Poirier, **3.00**
Y'a du soleil dans votre assiette,
Georget-Berval-Gignac, **3.00**

DOCUMENTS, BIOGRAPHIE

Architecture traditionnelle au Québec (L'),
Y. Laframboise, **10.00**
Art traditionnel au Québec (L'),
Lessard et Marquis, **10.00**
Artisanat québécois 1. Les bois et les
textiles, C. Simard, **12.00**

Artisanat québécois 2. Les arts du feu,
C. Simard, **12.00**
Acadiens (Les), E. Leblanc, **2.00**
Bien-pensants (Les), P. Berton, **2.50**
Ce combat qui n'en finit plus,
A. Stanké,-J.L. Morgan, **3.00**

Charlebois, qui es-tu?, B. L'Herbier, **3.00**

Comité (Le), M. et P. Thyraud de Vosjoli, **8.00**

Des hommes qui bâtissent le Québec, collaboration, **3.00**

Drogues, J. Durocher, **3.00**

Epaves du Saint-Laurent (Les), J. Lafrance, **3.00**

Ermite (L'), L. Rampa, **4.00**

Fabuleux Onassis (Le), C. Cafarakis, **4.00**

Félix Leclerc, J.P. Sylvain, **2.50**

Filière canadienne (La), J.-P. Charbonneau, **12.95**

Francois Mauriac, F. Seguin, **1.00**

Greffes du coeur (Les), collaboration, **2.00**

Han Suyin, F. Seguin, **1.00**

Hippies (Les), Time-coll., **3.00**

Imprévisible M. Houde (L'), C. Renaud, **2.00**

Insolences du Frère Untel, F. Untel, **2.00**

J'aime encore mieux le jus de betteraves, A. Stanké, **2.50**

Jean Rostand, F. Seguin, **1.00**

Juliette Béliveau, D. Martineau, **3.00**

Lamia, P.T. de Vosjoli, **5.00**

Louis Aragon, F. Seguin, **1.00**

Magadan, M. Solomon, **7.00**

Maison traditionnelle au Québec (La), M. Lessard, G. Vilandré, **10.00**

Maîtresse (La), James et Kedgley, **4.00**

Mammifères de mon pays, Duchesnay-Dumais, **3.00**

Masques et visages du spiritualisme contemporain, J. Evola, **5.00**

Michel Simon, F. Seguin, **1.00**

Michèle Richard raconte Michèle Richard, M. Richard, **2.50**

Mon calvaire roumain, M. Solomon, **8.00**

Mozart, raconté en 50 chefs-d'oeuvre, P. Roussel, **5.00**

Nationalisation de l'électricité (La), P. Sauriol, **1.00**

Napoléon vu par Guillemin, H. Guillemin, **2.50**

Objets familiers de nos ancêtres, L. Vermette, N. Genêt, L. Décarie-Audet, **6.00**

On veut savoir, (4 t.), L. Trépanier, **1.00 ch.**

Option Québec, R. Lévesque, **2.00**

Pour entretenir la flamme, L. Rampa, **4.00**

Pour une radio civilisée, G. Proulx, **2.00**

Prague, l'été des tanks, collaboration, **3.00**

Premiers sur la lune, Armstrong-Aldrin-Collins, **6.00**

Prisonniers à l'Oflag 79, P. Vallée, **1.00**

Prostitution à Montréal (La), T. Limoges, **1.50**

Provencher, le dernier des coureurs des bois, P. Provencher, **6.00**

Québec 1800, W.H. Bartlett, **15.00**

Rage des goof-balls (La), A. Stanké, M.J. Beaudoin, **1.00**

Rescapée de l'enfer nazi, R. Charrier, **1.50**

Révolte contre le monde moderne, J. Evola, **6.00**

Riopelle, G. Robert, **3.50**

Struma (Le), M. Solomon, **7.00**

Terrorisme québécois (Le), Dr G. Morf, **3.00**

Ti-blanc, mouton noir, R. Laplante, **2.00**

Treizième chandelle (La), L. Rampa, **4.00**

Trois vies de Pearson (Les), Poliquin-Beal, **3.00**

Trudeau, le paradoxe, A. Westell, **5.00**

Un peuple oui, une peuplade jamais! J. Lévesque, **3.00**

Un Yankee au Canada, A. Thério, **1.00**

Une culture appelée québécoise, G. Turi, **2.00**

Vizzini, S. Vizzini, **5.00**

Vrai visage de Duplessis (Le), P. Laporte, **2.00**

ENCYCLOPEDIES

Encyclopédie de la maison québécoise, Lessard et Marquis, **8.00**

Encyclopédie des antiquités du Québec, Lessard et Marquis, **7.00**

Encyclopédie des oiseaux du Québec, W. Earl Godfrey, **8.00**

Encyclopédie du jardinier horticulteur, W.H. Perron, **8.00**

Encyclopédie du Québec, Vol. I et Vol. II, L. Landry, **6.00 ch.**

ESTHETIQUE ET VIE MODERNE

Cellulite (La), Dr G.J. Léonard, 4.00
Chirurgie plastique et esthétique (La),
Dr A. Genest, 2.00
Embellissez votre corps, J. Ghedin, 2.00
Embellissez votre visage, J. Ghedin, 1.50
Etiquette du mariage, Fortin-Jacques,
Farley, 4.00
Exercices pour rester jeune, T. Sekely, 3.00
Exercices pour toi et moi,
J. Dussault-Corbeil, 5.00
Face-lifting par l'exercice (Le),
S.M. Rungé, 4.00
Femme après 30 ans (La), N. Germain, 3.00

Femme émancipée (La), N. Germain et
L. Desjardins, 2.00
Leçons de beauté, E. Serei, 2.50
Médecine esthétique (La),
Dr G. Lanctôt, 5.00
Savoir se maquiller, J. Ghedin, 1.50
Savoir-vivre, N. Germain, 2.50
Savoir-vivre d'aujourd'hui (Le),
M.F. Jacques, 3.00
Sein (Le), collaboration, 2.50
Soignez votre personnalité, messieurs,
E. Serei, 2.00
Vos cheveux, J. Ghedin, 2.50
Vos dents, Archambault-Déom, 2.00

LINGUISTIQUE

Améliorez votre français, J. Laurin, 4.00
Anglais par la méthode choc (L'),
J.L. Morgan, 3.00
Corrigeons nos anglicismes, J. Laurin, 4.00
Dictionnaire en 5 langues, L. Stanké, 2.00

Petit dictionnaire du joual au français,
A. Turenne, 3.00
Savoir parler, R.S. Catta, 2.00
Verbes (Les), J. Laurin, 4.00

LITTERATURE

Amour, police et morgue, J.M. Laporte, 1.00
Bigaouette, R. Lévesque, 2.00
Bousille et les justes, G. Gélinas, 3.00
Berger (Les), M. Cabay-Marin, Ed. TM, 5.00
Candy, Southern & Hoffenberg, 3.00
Cent pas dans ma tête (Les), P. Dudan, 2.50
Commettants de Caridad (Les),
Y. Thériault, 2.00
Des bois, des champs, des bêtes,
J.C. Harvey, 2.00
Ecrits de la Taverne Royal, collaboration, 1.00
Exodus U.K., R. Rohmer, 8.00
Exxoneration, R. Rohmer, 7.00
Homme qui va (L'), J.C. Harvey, 2.00
J'parle tout seul quand j'en narrache,
E. Coderre, 3.00
Malheur a pas des bons yeux (Le),
R. Lévesque, 2.00
Marche ou crève Carignan, R. Hollier, 2.00
Mauvais bergers (Les), A.E. Caron, 1.00

Mes anges sont des diables,
J. de Roussan, 1.00
Mon 29e meurtre, Joey, 8.00
Montréalités, A. Stanké, 1.50
Mort attendra (La), A. Malavoy, 1.00
Mort d'eau (La), Y. Thériault, 2.00
Ni queue, ni tête, M.C. Brault, 1.00
Pays voilés, existences, M.C. Blais, 1.50
Pomme de pin, L.P. Dlamini, 2.00
Printemps qui pleure (Le), A. Thério, 1.00
Propos du timide (Les), A. Brie, 1.00
Séjour à Moscou, Y. Thériault, 2.00
Tit-Coq, G. Gélinas, 4.00
Toges, bistouris, matraques et soutanes,
collaboration, 1.00
Ultimatum, R. Rohmer, 6.00
Un simple soldat, M. Dubé, 4.00
Valérie, Y. Thériault, 2.00
Vertige du dégoût (Le), E.P. Morin, 1.00

LIVRES PRATIQUES — LOISIRS

Aérobix, Dr P. Gravel, 3.00
Alimentation pour futures mamans,
T. Sekely et R. Gougeon, 4.00

Améliorons notre bridge, C. Durand, 6.00
Apprenez la photographie avec Antoine
Desilets, A. Desilets, 5.00

Arbres, les arbustes, les haies (Les),
P. Pouliot, 7.00
Armes de chasse (Les), Y. Jarrettie, 3.00
Astrologie et l'amour (L'), T. King, 6.00
Bougies (Les), W. Schutz, 4.00
Bricolage (Le), J.M. Doré, 4.00
Bricolage au féminin (Le), J.-M. Doré, 3.00
Bridge (Le), V. Beaulieu, 4.00
Camping et caravaning, J. Vic et
R. Savoie, 2.50
Caractères par l'interprétation des visages,
(Les), L. Stanké, 4.00
Ciné-guide, A. Lafrance, 3.95
Chaînes stéréophoniques (Les),
G. Poirier, 6.00
Cinquante et une chansons à répondre,
P. Daigneault, 3.00
Comment amuser nos enfants,
L. Stanké, 4.00
Comment tirer le maximum d'une mini-
calculatrice, H. Mullish, 4.00
Conseils à ceux qui veulent bâtir,
A. Poulin, 2.00
Conseils aux inventeurs, R.A. Robic, 3.00
Couture et tricot, M.H. Berthouin, 2.00
Dictionnaire des mots croisés,
noms propres, collaboration, 6.00
Dictionnaire des mots croisés,
noms communs, P. Lasnier, 5.00
Fins de partie aux dames,
H. Tranquille, G. Lefebvre, 4.00
Fléché (Le), L. Lavigne et F. Bourret, 4.00
Fourrure (La), C. Labelle, 4.00
Guide complet de la couture (Le),
L. Chartier, 4.00
Guide de la secrétaire, M. G. Simpson, 6.00
Hatha-yoga pour tous, S. Piuze, 4.00
8/Super 8/16, A. Lafrance, 5.00
Hypnotisme (L'), J. Manolesco, 3.00
Information Voyage, R. Viau et J. Daunais,
Ed. TM, 6.00
Interprétez vos rêves, L. Stanké, 4.00

J'installe mon équipement stéréo, T. I et II,
J.M. Doré, 3.00 ch.
Jardinage (Le), P. Pouliot, 4.00
Je décore avec des fleurs, M. Bassili, 4.00
Je développe mes photos, A. Desilets, 6.00
Je prends des photos, A. Desilets, 6.00
Jeux de cartes, G. F. Hervey, 10.00
Jeux de société, L. Stanké, 3.00
Lignes de la main (Les), L. Stanké, 4.00
Magie et tours de passe-passe,
I. Adair, 4.00
Massage (Le), B. Scott, 4.00
Météo (La), A. Ouellet, 3.00
Nature et l'artisanat (La), P. Roy, 4.00
Noeuds (Les), G.R. Shaw, 4.00
Origami I, R. Harbin, 3.00
Origami II, R. Harbin, 3.00
Ouverture aux échecs (L'), C. Coudari, 4.00
Parties courtes aux échecs,
H. Tranquille, 5.00
Petit manuel de la femme au travail,
L. Cardinal, 4.00
Photo-guide, A. Desilets, 3.95
Plantes d'intérieur (Les), P. Pouliot, 7.00
Poids et mesures, calcul rapide,
L. Stanké, 3.00
Tapisserie (La), T.-M. Perrier,
N.-B. Langlois, 5.00
Taxidermie (La), J. Labrie, 4.00
Technique de la photo, A. Desilets, 6.00
Techniques du jardinage (Les),
P. Pouliot, 6.00
Tenir maison, F.G. Smet, 3.00
Tricot (Le), F. Vandelac, 4.00
Vive la compagnie, P. Daigneault, 3.00
Vivre, c'est vendre, J.M. Chaput, 4.00
Voir clair aux dames, H. Tranquille, 3.00
Voir clair aux échecs, H. Tranquille et
G. Lefebvre, 4.00
Votre avenir par les cartes, L. Stanké, 4.00
Votre discothèque, P. Roussel, 4.00
Votre pelouse, P. Pouliot, 5.00

LE MONDE DES AFFAIRES ET LA LOI

ABC du marketing (L'), A. Dahamni, 3.00
Bourse (La), A. Lambert, 3.00
Budget (Le), collaboration, 4.00
Ce qu'en pense le notaire, Me A. Senay, 2.00
Connaissez-vous la loi? R. Millet, 3.00
Dactylographie (La), W. Lebel, 2.00
Dictionnaire de la loi (Le), R. Millet, 2.50
Dictionnaire des affaires (Le), W. Lebel, 3.00
Dictionnaire économique et financier,
E. Lafond, 4.00

Divorce (Le), M. Champagne et Léger, 3.00
Guide de la finance (Le), B. Pharand, 2.50
Initiation au système métrique,
L. Stanké, 5.00
Loi et vos droits (La),
Me P.A. Marchand, 5.00
Savoir organiser, savoir décider,
G. Lefebvre, 4.00
Secrétaire (Le/La) bilingue, W. Lebel, 2.50

PATOF

Cuisinons avec Patof, J. Desrosiers, 1.29

Patof raconte, J. Desrosiers, 0.89
Patofun, J. Desrosiers, 0.89

SANTE, PSYCHOLOGIE, EDUCATION

Activité émotionnelle (L'), P. Fletcher, 3.00
Allergies (Les), Dr P. Delorme, 4.00
Apprenez à connaître vos médicaments,
R. Poitevin, 3.00
Caractères et tempéraments,
C.-G. Sarrazin, 3.00
Comment animer un groupe,
collaboration, 4.00
Comment nourrir son enfant,
L. Lambert-Lagacé, 4.00
Comment vaincre la gêne et la timidité,
R.S. Catta, 3.00
Communication et épanouissement
personnel, L. Auger, 4.00
Complexes et psychanalyse,
P. Valinieff, 4.00
Contact, L. et N. Zunin, 6.00
Contraception (La), Dr L. Gendron, 3.00
Cours de psychologie populaire,
F. Cantin, 4.00
Dépression nerveuse (La), collaboration, 4.00
Développez votre personnalité,
vous réussirez, S. Brind'Amour, 3.00
Douze premiers mois de mon enfant (Les),
F. Caplan, 10.00
Dynamique des groupes,
Aubry-Saint-Arnaud, 3.00
En attendant mon enfant,
Y.P. Marchessault, 4.00
Femme enceinte (La), Dr R. Bradley, 4.00
Guérir sans risques, Dr E. Plisnier, 3.00
Guide des premiers soins, Dr J. Hartley, 4.00

Guide médical de mon médecin de famille,
Dr M. Lauzon, 3.00
Langage de votre enfant (Le),
C. Langevin, 3.00
Maladies psychosomatiques (Les),
Dr R. Foisy, 3.00
Maman et son nouveau-né (La),
T. Sekely, 3.00
Mathématiques modernes pour tous,
G. Bourbonnais, 4.00
Méditation transcendantale (La),
J. Forem, 6.00
Mieux vivre avec son enfant, D. Calvet, 4.00
Parents face à l'année scolaire (Les),
collaboration, 2.00
Personne humaine (La), Y. Saint-Arnaud, 4.00
Pour bébé, le sein ou le biberon,
Y. Pratte-Marchessault, 4.00
Pour vous future maman, T. Sekely, 3.00
15/20 ans, F. Tournier et P. Vincent, 4.00
Relaxation sensorielle (La), Dr P. Gravel, 3.00
S'aider soi-même, L. Auger, 4.00
Soignez-vous par le vin, Dr E. A. Maury, 4.00
Volonté (La), l'attention, la mémoire,
R. Tocquet, 4.00
Vos mains, miroir de la personnalité,
P. Maby, 3.00
Votre personnalité, votre caractère,
Y. Benoist-Morin, 3.00
Yoga, corps et pensée, B. Leclerq, 3.00
Yoga, santé totale pour tous,
G. Lescouflar, 3.00

SEXOLOGIE

Adolescent veut savoir (L'),
Dr L. Gendron, 3.00
Adolescente veut savoir (L'),
Dr L. Gendron, 3.00
Amour après 50 ans (L'), Dr L. Gendron, 3.00
Couple sensuel (Le), Dr L. Gendron, 3.00
Déviations sexuelles (Les), Dr Y. Léger, 4.00
Femme et le sexe (La), Dr L. Gendron, 3.00
Helga, E. Bender, 6.00
Homme et l'art érotique (L'),
Dr L. Gendron, 3.00
Madame est servie, Dr L. Gendron, 2.00

Maladies transmises par relations
sexuelles, Dr L. Gendron, 2.00
Mariée veut savoir (La), Dr L. Gendron, 3.00
Ménopause (La), Dr L. Gendron, 3.00
Merveilleuse histoire de la naissance (La),
Dr L. Gendron, 4.50
Qu'est-ce qu'un homme, Dr L. Gendron, 3.00
Qu'est-ce qu'une femme, Dr L. Gendron, 4.00
Quel est votre quotient psycho-sexuel?
Dr L. Gendron, 3.00
Sexualité (La), Dr L. Gendron, 3.00
Teach-in sur la sexualité,
Université de Montréal, 2.50
Yoga sexe, Dr L. Gendron et S. Piuze, 4.00

SPORTS (collection dirigée par Louis Arpin)

ABC du hockey (L'), H. Meeker, 4.00
Aikido, au-delà de l'agressivité,
M. Di Villadorata, 4.00
Bicyclette (La), J. Blish, 4.00

Comment se sortir du trou au golf,
Brien et Barrette, 4.00
Courses de chevaux (Les), Y. Leclerc, 3.00

Ouvrages parus à
L'ACTUELLE
JEUNESSE

Ouvrages parus à
L'ACTUELLE

Ouvrages parus aux
PRESSES LIBRES

Books published by HABITEX

Aikido, M. di Villadorata, **3.95**
Blender recipes, J. Huot, **3.95**
Caring for your lawn, P. Pouliot, **4.95**
Cellulite, G .Léonard, **3.95**
Complete guide to judo (The), L. Arpin, **4.95**
Complete Woodsman (The),
  P. Provencher, **3.95**
Developping your photographs,
  A. Desilets, **4.95**
8/Super 8/16, A. Lafrance, **4.95**
Feeding your child, L. Lambert-Lagacé, **3.95**
Fondues and Flambes,
  S. and L. Lapointe, **2.50**
Gardening, P. Pouliot, **5.95**
Guide to Home Canning (A),
  Sister Berthe, **4.95**
Guide to Home Freezing (A),
  S. Lapointe, **3.95**
Guide to self-defense (A), L. Arpin, **3.95**
Help Yourself, L. Auger, **3.95**

Interpreting your Dreams, L. Stanké, **2.95**
Living is Selling, J.-M. Chaput, **3.95**
Mozart seen through 50 Masterpieces,
  P. Roussel, **6.95**
Music in Canada 1600-1800,
  B. Amtmann, **10.00**
Photo Guide, A. Desilets, **3.95**
Sailing, N. Kebedgy, **4.95**
Sansukai Karate, Y. Nanbu, **3.95**
"Social" Diseases, L. Gendron, **2.50**
Super 8 Cine Guide, A. Lafrance, **3.95**
Taking Photographs, A. Desilets, **4.95**
Techniques in Photography, A. Desilets, **5.95**
Understanding Medications, R. Poitevin, **2.95**
Visual Chess, H. Tranquille, **2.95**
Waiting for your child,
  Y. Pratte-Marchessault, **3.95**
Wine: A practical Guide for Canadians,
  P. Petel, **2.95**
Yoga and your Sexuality, S. Piuze and
  Dr. L. Gendron, **3.95**

Diffusion Europe

Belgique: 21, rue Defacqz — 1050 Bruxelles
France: 4, rue de Fleurus — 75006 Paris

CANADA	BELGIQUE	FRANCE
$ 2.00	90 FB	13,50 F
$ 2.50	112,50 FB	17 F
$ 3.00	135 FB	20 F
$ 3.50	157,50 FB	24 F
$ 4.00	180 FB	27 F
$ 5.00	225 FB	34 F
$ 6.00	270 FB	40,50 F
$ 7.00	315 FB	47 F
$ 8.00	360 FB	54 F
$ 9.00	405 FB	61 F
$10.00	450 FB	67,50 F